나라사랑 막걸리사랑

나막사 기획

김현풍·손윤·배흥섭·오동원 글

나라 사랑 막걸리 사랑

채륜

막걸리, 민족의 혼을 빚다

김현풍_나막사 총재

제일 힘들고 고달픈 때입니다. 하지만 이 어려운 시기, '나막사(나라사랑 막걸리사랑)'라는 이름 아래 모인 모두가 국민에게 기를 불어 넣고 다시 한 번 새 세상을 만들 수 있는 힘과 용기를 함께 만들었으면 합니다.

비극의 역사. 일제가 내선일체를 말하며 민족정신을 말살하려 했던 것은 모두가 아는 사실입니다. 민족의 얼과 혼, 기를 꺾기 위한 일제의 만행은 지명의 변화로도 많이 나타났습니다. 일종의 창씨개명과 같은 것이지요.

'홍성'은 본래 '홍주'와 '결성'이었던 두 곳의 글자를 합쳐 기를 꺾은 경우이고, 인왕산仁王山도 王 자를 旺 자로 바꾸어 사용하여 마치 일본의 왕(日+王)을 뜻하는 것처럼 만들었습니다. 의왕시의 '왕' 자도 마찬가지입니다. 속리산의 천황봉도 본래 천왕봉인데 일제가 천황봉으로 바꾸어 놓았습니다. 일본 천황을 가리키는 황皇 자를 쓴 것이었지요.

그 외에도 많은 변화가 있었지만 그중 일제가 특히 집중했던 곳이 있습니다. 많은 분들께서 '북한산'이라고 부르는 산입니다. 이 이름은 1915년 일제에 의해 바뀌었던 이름입니다. 본 이름은 '삼각산'입니다. 동시에 청와대 뒷산인 '백악산'도 '북악산'이 되었습니다. 왜 일제는 산의 이름을 굳이 바꾸었을까요?

이 두 산은 민족의 정기가 흐르는 맥이었습니다. 조선시대 경복궁을 비롯한 모든 터잡기의 기본은 풍수에 의한 것이었는데, 백두산의 정기가 조산祖山인 삼각산을 타고 내려와 주산主山인 백악산을 지나면 경복궁 위치에 다다릅니다. 이렇게 흐르는 민족의 정기를 끊어 놓고자 이름을 바꾼 것이지요. 그러니 삼각산과 백악산의 이름을 제대로 되돌

삼각산

려놓지 않으면 나라가 잘 돌아갈 수 없습니다. 일제가 바꾸
어 놓은 북한산, 북악산에 사용했던 '북' 자는 북망산천(사람
이 죽어 묻히는 곳)의 '북' 자입니다. 그러니 정기가 꺾여 계속
사고가 날 수밖에 없는 것입니다.

이런 중요성 때문에 저는 2005년 강북구청장 재임 시절 문화재청으로부터 삼각산과 백악산을 명승 제10호로 지정 받아 놨습니다. 그리고 산림청으로부터도 지정을 받아 놨습니다. 그런데 서울시 지명위원회에서 통과하지 못했습니다. 이유가 뭘까요?

지명을 이렇게 고착화 시켜 놓은 것은 식민사관의 친일 사학자들입니다. 그런데 현재 우리나라 사학계는 친일 사학자의 후손과 제자들이 주도권을 잡고 있습니다. 날로 번성하고 있고요. 그들이 지명을 바로잡게 되면, 스스로 친일을 했다는 반증이 되므로 북한산, 북악산의 명칭이 일제 잔재가 아니라 주장하고 있습니다. 주류 사학계가 이런 실정이니 재야 사학자들의 외침은 묻힐 수밖에 없는 현실이지요.

북한 노래 가사 중에 '모란봉에서 삼각산까지'라는 구절이 있습니다. 예전에 개성공단에 남한 사람이 가서 '북한산 잘 보인다'고 했더니 북한 사람들은 이렇게 말했다고 합니다.

"북한산은 북한에 있는 산이고 그 산은 삼각산입니다."

망신스러운 일입니다. 오히려 이런 면에서 북한은 철저하게 하고 있는데 우리는 전연 손도 못 대고 있는 것이 현실입니다. 3·1운동의 항일정신을 잊고, 중요한 일을 해결하지 못한 부끄러운 후손이 바로 우리입니다.

1919년 3월 1일, 의암 손병희 선생을 선두로 한 민족대표 33인은 독립선언서를 만들었습니다. 우이동의 천도교 봉황각에서였습니다. 의암 선생께서는 이곳에서 400명이 넘는 식구들에게 인쇄술을 비롯한 모든 것을 교육했고, 이곳이 3·1독립운동의 발상지가 되었습니다. 봉황각에 가보면 아시겠지만 삼각산에서 가장 잘 보이고 아래에서 올려다보는 경관이 가장 좋은 곳에 위치해 있습니다. 삼각산이 가진 센 기운 때문에 의암 선생이 그곳에 터를 잡은 것이고 그 정기를 받아 3·1운동이 시작된 것이 아니겠습니까? 더불어 삼각산 백운봉에 가시면 암각이 있습니다. 학생 대표로 독립선언서를 낭독한 정재용 선생이 쓰신 3·1운동 암각문이 그곳에 새겨 있습니다. 이 3·1운동의 비폭력 저항정신은 중국의 5·4혁명을 일어나게 했고, 인도의 간디가 이끄는 비폭력 불복종 저항운동에도 영향을 미쳤습니다. 뿐만 아니라 이집트와 중동 지역의 혁명 그리고 미주에도 많은 반향을 일으켰습니다. 그들이 배운 것이 바로 의암 손병희 선생의 3·1정신이었습니다.

요즘 말하는 한류의 시작이라고 볼 수도 있겠습니다. 삼각산 봉황각에서 시작된 3·1운동 정신이 전 세계로 퍼져 나간 격이니까요. 한류의 시작이 바로 1919년 3월이었습니다. 당시 손병희 선생은 100년 뒤에 새로운 시대가 온다고 했습니다. 2019년이 3·1운동 100주년, 우리는 그분이 말했던 100년 뒤를 살고 있습니다.

프랑스 혁명 100주년에는 에펠탑, 미국 독립 100주년에는 자유의 여신상, 브라질 독립 100주년에는 예수상을 세웠습니다. 그렇다면 3·1운동 100주년에 우리는 무엇을 해야 할까요?

우리 나막사에서는 앞으로 100년 뒤를 내다볼 수 있는 사람들이 모여야 합니다. 의암 선생님 같은 분이 한 사람이라도 있어야 100년 전의 의암 선생을 기리고, 사라져 가는 민족의 혼을 되찾을 수 있는 기회가 옵니다.

다행스럽게도 '미래연대'를 만들어 100년 뒤를 예측하는 모임을 시작을 했습니다. 그리고 그곳에서 모두가 있는 힘을 다하고 있습니다. 2019년 3월 1일은 얼마 남지 않았습니다. 그때는 우리가 다함께 그분들의 뜻을 이어받는 역할을 해야 합니다. 지금 모든 행사에서는 의암 손병희 선생이 33인의 한 분으로 속해 있을 뿐 지도자로 인식되어 있지 않습니다. 민족의 정기가 흐르는 삼각산에서, 그 힘으로 대혁명을 일으킨 지도자 의암 선생, 우리는 그분이 그렸던, 그리고 그분이 지키고 싶어 했던 정신을 잊으면 안 됩니다.

독립운동가의 후손은 가난하게 살고 친일파의 후손은 떵떵거리고 사는 게 바로 우리 세상입니다. 정신문화는 점차 사라지고 역사는 왜곡되고 있습니다. 나막사는 앞으로 뿌리째 흔들리는 이 나라를, 함께 끌어갈 수 있는 정신문화를 만들어갈 생각입니다. 우리들의 삶은 바로 3·1독립운동을 3·1혁명으로 만드는 것입니다. 민족정신을 되새길 때입니다.

　그리고 그런 민족정신을 가장 잘 담고 있는 것이 저는 막걸리라고 생각합니다. 막걸리는 우리 민족 고유의 술이며, 우리 민족의 얼을 대표하는 문화유산이기 때문입니다. 하늘과 인간이 하나가 되는 합일의식은 춤과 제사를 통해 이루어졌는데, 그 절차에서 매개가 되는 것이 막걸리였고 고수레할 때나 나무를 옮겨 심고 잘 자라라고 뿌려주는 것도 막걸리였으며 여러 사람이 모여 화합과 정을 쌓는 매개가 되었던 것도 바로 막걸리였습니다. 즉 막걸리는 우리 전통이자 민족 그 자체라고 볼 수 있습니다.

　그래서 저희 나막사는 막걸리를 사랑하는 것이 우리 민족과 나라를 사랑하는 것이라고 생각하고 있습니다. 저희의 이름이 나라사랑 막걸리사랑인 것도 그런 이유에서입니다. 우리 문화유산 막걸리의 세계화를 위해 노력하고 이를 나라사랑으로 발전시키며, 더 많은 분들께 우리의 얼과 정신문화를 전하고자 이 책을 펴냅니다.

　막걸리 책이야 누구든지 읽고 막걸리도 다 먹어본 줄

압니다. 하지만 막걸리를 왜 먹는지, 막걸리에 왜 민족정신이 담겨 있는지, 막걸리 한 잔이 기를 살리고 민족을 살리고 나라를 살릴 수 있음을 이해하는 우리가 되었으면 합니다.

이 책이 나올 수 있도록 끝까지 힘써준 김석주 선생과 귀한 사진을 제공해준 조창섭 사진작가에게 고마움을 전합니다.

마지막으로 막걸리 시를 한 편 감상하며, 막걸리에 담긴 우리 민족의 혼과 정신을 다시금 되새기는 기회가 되셨으면 합니다. 고맙습니다.

우리 그대 막걸리

(만초 김정현)

모처럼 옛친구 만나면
무엇으로 화끈한 회포를 푸랴

잔치판 그것 없이 무슨 흥으로

어울려 노래하고 춤추랴

승리의 기쁨에 화합에
무엇으로 왁자지끈 웃음꽃을 피우랴

억울한 일을 나약한 이웃에게
무엇으로 위로하고 용기를 주랴

하늘이 지상에 내린 선물 중
낯선 이도 한 잔 합세다
아름다운 인심의 막걸리

선조들의 지혜의 우주가 담겨 있고
낭만이 있는 먹거리 세계적인 발효술
최고의 작품, 막걸리

토속문화로 이어진

조상 대절의 살아 있는 고마움에 잔 부딪히며 술술

여름철 목 갈증에 노동에 출출할 때

값싸고 푸짐한 우리 신토불이 막걸리

세상이 변하고 변해도

이 땅 이 나라

만인에게 영원히 사랑 받을 막걸리 그대여

축사, 하나

이석_황실문화재단 이사장

저는 2002년부터 전주에서 15년째 살고 있지만, 고향은 서울입니다. 태어난 곳이 관훈동 170번지 사동궁입니다. 지금 가시면 조계사 바로 앞 30년 전의 종로예식장 자리가 제가 태어난 곳입니다. 지금 가면은 건물은 다 없어지고 350년 된 회화나무만이 자리를 지키고 있습니다. 그래서 저는 서울에 올라오면 그 회화나무에 절을 하고 옵니다.

이 아름다운 나라의 참 귀한 핏줄로 태어났습니다. 하지만 역사는 사라지고 우리 국민은 역사의식이 없어지고 새로운 세대는 역사가 필요 없다고 합니다. 심각한 일이 아닐 수 없습니다. 그래서 황실문화재단에서는 10여 년 동안 독립군을 모집하고 있습니다.

문재인 대통령이 당선되기 전, 제가 사는 승광재 한옥 마을에 와 묵고 간 적이 있습니다. 우스갯소리지만 기를 받 겠다고 제 이불을 덮더니 지금은 대통령이 됐습니다. 김정 숙 여사가 와서 저한테 붓글씨를 받아 가기도 했습니다. 간 절한 마음으로 '국태민안(나라가 태평하고 백성이 살기가 편안 함)'이라는 글자를 적어 주고 손도장을 찍어 줬습니다. 그리 고 청와대가 좀 안정이 되면 이 나라와 국민의 정신문화와 역사의식을 함께 살려보자고 이야기했습니다.

제 아버님이신 의친왕께서는 예순둘에 저를 낳으셨습 니다. 사동궁에서 태어나 다섯 살에 해방이 찾아왔는데, 아 버님의 아들이 열세 명, 딸이 한 스무 명쯤 되었습니다. 형 제가 많았습니다. 그런데 형이 다 돌아가시고 지금 조선 왕 조, 대한제국의 마지막 왕자들 중 제가 가장 나이가 많습니 다. 그리고 LA에 지금 일흔한 살 남동생이 있고 샌프란시스 코에는 일흔네 살 동생이 살고 있습니다. 그래서 안정된 나라가 되면 다 불러 모아서 왕실마을을 만들 계획을 세우고 있습니다. 어엿하게 나라의 정체성을 다잡을 수 있는 상징과 기념물을 만들어야 될 텐데 우리나라에는 그런 게 점점 사라지고 있습니다. 과거를 잊고 있는 것이지요.

현 서울 시장이 두어 번 내려왔을 때 제가 이야기했습니다.

"나는 서울에서 태어난 사람이오. 서울시를 스토리가 있는 도시로 만들기 위해서는 내가 필요하지 않겠소?"

그랬더니 시장도 적극 동의하며 역사를 보존하고 한국의 정신문화를 지키는 일에 함께 힘쓰기로 다짐하였습니다. 마음처럼 일이 잘 될까 모르겠지마는, 한민족의 얼을 되찾고 역사의식을 일깨우는 노력의 한 걸음인 것 같아 왕실 후손으로서 감회가 새롭습니다.

그런 의미에서, 김현풍 박사께서 나라사랑 막걸리사랑 모임을 만드심에 가슴 저릿함을 느낍니다. 아버님이신 의친왕과 손병희 선생은 또 부자의 연을 맺어 지내셨으니, 오늘 또 많이 생각이 납니다.

제 몸은 전주에 있지만 틈나는 대로 서울에 올라와서 민족 정체성을 지키기 위해 힘쓰시는 나막사를 위해 저 또한 힘을 보태겠습니다. 부디 이 책을 통해 사라진 역사가 되살아나고, 이 나라의 민족 정체성과 정신문화가 되살아났으면 합니다.

이런 기회를 만들어 주셔서 감사드리고, 또 축하를 전합니다.

축사, 둘

이창주_다큐멘터리 감독

나의 막걸리 첫 만남은 초승달 밤, 6살 꼬마가 주전자 들고 아버지 술심부름을 하던 그날 밤, 어두운 골목길이 무서워 주전자 꼭지를 입속으로 넣고 한 모금 두 모금 마셨던 그날입니다… 지금은 어느새 막걸리 소비자 60년 차… 신문칼럼과 방송활동을 접고 1987년 일본으로 건너가 고 길옥윤 선생 소속회사(가와사키 오모리/탄젠트)에서 기획업무를 맡으며 음악출판 및 드라마음악 관계자들과 점심 혹은 저녁술자리를 통해 나의 막걸리 이야기는 소비자 시각에서 생산자 위치로 더 깊이 파고 들어가게 된 사건이 하나 있었습니다.

국내에서 발표한 〈1990〉(일본에서는 〈1990년 딸은 21살〉)
이 일본 티비 드라마 삽입곡으로 큰 인기를 얻고 있었는데
이를 축하해 준다면서 요코하마에서 불고기집(야끼니꾸)을
운영하는 후꾸이 사장이 요시아 준, 아사이 전무를 초청하
고 그 자리에서 누룩 막걸리를 자랑스럽게 소개하며 술을
따라 주는 것이었습니다.

일본사람은 마시지 않는 그 시큼 텁텁한 막걸리, 단맛
을 좋아하는 일본인 입에 맞을 리 없지만 아사이 전무를 비
롯하여 그 술을 찾는 사람들의 걸음이 끊이질 않는다는 얘
길 듣고 나의 외할머니(감순분)가 누룩 술을 만들어 항아리
에 보관해 두고 소화제처럼 마신 것을 기억하면서 조선누
룩막걸리에 대한 애착은 더욱 깊어만 갔습니다. 왜 골수 일
본인들이 저 맛을 찾는 걸까? 나의 외할머니는 정말 소화제
로 마신 걸까? 이런저런 생각으로 더욱 달아오르기 시작했
습니다.

몇 백 년 동안 조선누룩막걸리를 집안 어른으로부터

물려받아 온 일본의 후꾸이 같은 분이 더 이상 존재하지 않을 것이란 불안감, 더구나 일본식 주조방식이 우리 전통 한 가운데 자리를 꾀어 차고 있는 답답한 현실은 사실 오래전 백제 의자왕 시기, 동학, 임진·정유 침략전쟁, 일본조선침탈기간, 간토 지진, 5·16 당시 가혹한 단속 등 가시밭길을 지나 지금까지 이어져 오고 있는 이런 기막힌 사건과 이야기들, 투자 받는 일에 어려움을 겪으면서 누룩막걸리의 역사이야기를 접어야 하는가? 영화제작을 준비하면서 많은 고민에 빠지기도 했습니다.

이제…

영화관객을 위해 흥미위주로 몰아가기 위해 만든 십여 년 전의 대본을 방송통신위원회 지원 '한국의 맛과 멋의 재발견'이란 프로젝트를 수행하면서 대폭 수선하고 논픽션을 선두로 위치시켜 우리 얼, 우리 문화를 잊지 않기 위해서는 '가장 한국적인 것이 가장 세계적인 것'에 더하여, 토속적이고 서민적인 이야기는 '나막사'를 통해 보강, '국충길의 누룩전쟁' 시나리오는 한층 탄력을 받게 되었습니다.

김현풍 박사의 '나라사랑 막걸리사랑'은 우리 전통음식과 음식에 담긴 혼을 지켜가고자 하는 강한 의지와 함께 누룩막걸리를 대한민국 어디서든 당당하게 주문해서 마실 수 있는 마치 '국충길의 누룩전쟁' 속에 등장하는 주인공처럼 김현풍 박사와 '나막사' 회원여러분들의 정성과 마음들이 이 책 속에 녹아 있어 무한한 고마움을 전합니다. 특히 이번 기회를 통해 우리 전통음식이 왜 소중한가를 일깨워줌은 물론 다음 세대는 우리 전통음식에 대해 기억조차 할 수 없을 만큼 외식시장의 거대한 힘에 밀려 우리의 전통 음식시장이 사라져 가는 것에 대해 경종을 울릴 수 있기에 이 책을 결코 눈으로만 읽을 수 없음에 뜨거운 박수를 보내며 글자 한 자 한 자에, 마치 누룩막걸리를 만드는 장인의 손길과 뜨거운 마음을 담아낸 김현풍, 손윤, 배흥섭, 오동원 집필진에 진심으로 감사합니다.

차례

막걸리, 민족의 혼을 빚다 4

축사, 하나 15

축사, 둘 19

첫 번째 사발 막걸리의 과거

민족을 지켜온 막걸리 28

전통 술집 주막의 소통 문화 43

자주독립 운동의 역사와 함께한 막걸리 52

의암 손병희 선생과 막걸리 56

주세법에 따른 막걸리의 흥망성쇠 69

막걸리에 문화를 입혀 78

두 번째 사발 막걸리의 현재

건강음료 막걸리   88

장에 좋은 막걸리   99

피로 완화에 좋은 막걸리   116

혈류 개선에 좋은 막걸리   130

세 번째 사발 막걸리의 미래

막걸리의 다양한 변신   146

막걸리 식초의 매력   152

막걸리 한 잔에 정을 담아   167

디자인이 필요한 때   174

지금은 막걸리 도약의 시대   186

막걸리 잔에 부는 새로운 바람   191

시급한 정부정책   196

막걸리 익어가는 소리   201

참고문헌   210

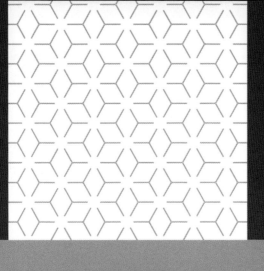

첫 번째 사발

막걸리의 과거

민족을 지켜온 막걸리

우리가 지난 오랜 세월 동안 지속해서 발전시켜 온 물질문명은 사람들의 생활 전반에 걸쳐 풍요와 안락함을 제공해 주었지만, 세상을 살아가는 데 있어 행복으로 인도하는 길은 아니었다. 하루가 다르게 변화하는 흐름 속에서 생긴 초조함과 불안감이 무언가를 기다리는 그리움을 잊어버렸고 삶의 여유와 낭만을 찾을 수 없게 되었다. 맑은 시냇물과 더없이 파란 하늘의 구름과 맑은 공기를 보기 어렵게 되었고 깔깔대는 아이들의 웃음소리와 어머니의 자장가 소리도 더 들리지 않는다.

늦가을의 앙상한 가지만 남은 감나무에 빨갛게 익은 감 하나가 매달려 있었다. 춥고 긴 겨울, 굶주린 새들을 위하여 남겨둔 식량이었는데 다 따지 않고 하나쯤 남겨둘 줄 아는 인정이 별로 보이지 않는다. 우리가 어린 시절 나누었던 크리스마스 카드를 생각해 보면 함박눈이 내리는 산골 오두막 굴뚝에서 연기가 피어오르는 그림이 참 많았다. 한 가족이 나무를 때우고 음식을 만들어 먹으며 오순도순 이야기하는 사랑이 숨 쉬는 공간이 아니었을까?

옛날에 '아홉 차례'라는 풍습이 있었다고 한다. 어떤 일이건 한두 번은 서두르다 보니 서너 번은 힘이 들고 힘이 드니 대여섯 번은 하기 싫어진단다. 그러면 일고여덟 번은 체념하게 되고 이 고비를 잘 극복하면 천천히 하는 느림이 체질화된다고 한다. 그래서 어떤 일도 수월하게 해낼 수 있었다.

프랑스의 피에르 쌍소는 《느리게 산다는 것의 의미》라는 책에서 "인간의 모든 불행은 고요한 방에 앉아 휴식할 줄 모르는 데서 온다"라고 했다. 이 느림이 우리 민족의 정신적인 토대였다.

《흥부전》을 보면 한 바지저고리에 두 자식을 입혀서 길렀다고 하는데 가난을 말하고자 하는 것이 아니고 한 옷을 2명이 입을 수 있는 한복의 여유로움을 생각해 본다. 한복은 속 옷고름과 바지춤만 조여 매면 나이와 크고 작은 몸집과 관계없이 모두가 입을 수 있는 여유로움이 있었다. 우리 민족을 동포同胞라고 부르는 것은 바로 같은 옷을 입는다는 동포同胞에서 비롯되었다고 볼 때 이런 여유도 바로 우리의 얼이다.

우리의 보자기를 생각해 본다. 서양의 가방은 속에 있는 내용물과 관계없이 항상 일정한 공간을 유지하며 내용물이 적으면 불필요한 공간이 남는 것이고 내용물이 크거나 많으면 또 다른 도구가 필요하다. 반면에 보자기는 옮기고자 하는 대상이 작든 크든, 적든 많든 모든 것을 다 포용할 수 있으며 소임을 다하면 차지했던 공간을 평면으로 환원한다. 이처럼 우리의 문화는 모든 것을 포용하는 여유를 가지고 있고 역할을 다하면 수줍은 듯 숨어버리는 새색시의 뒷모습처럼 뭉클하다.

'두레'라는 말이 있다. 두레는 농사꾼들이 농번기에 협력하기 위해 이룬 모임이라는 뜻인데 더 살펴보면 그 동사형인 "두레 먹다"라는 말은 "여러 사람이 둘러앉아 먹다" 혹은 "음식을 장만하고 모여 먹다"라는 뜻이다. 또 두렛일을 하는 "두렛날"이 있고 여러 사람이 둘러앉아 먹을 수 있는 "두레삼"이라는 것도 있다. 이처럼 두레라는 말은 같이 산다는 의미이다.

우리 조상들은 서로 어울려 함께 살면서 희노애락喜怒哀樂을 나누어 가졌고, 그런 공동체를 '두레'라고 불렀다. 예를 들어 한 마을에는 반드시 한 개 이상의 우물이 있었는데 그 우물을 "두레 우물"이라고 했고 또 사람들이 같이 쓰는 우물의 바가지는 "두레박"이라고 불렀던 것이다. "같이 쓰는 바가지"라는 뜻이다.

우리가 흔히 말하는 "둘레"라는 것도 더불어 사는 삶을 강조했던 우리 고유한 문화적 정신의 유산이다. 우리 민족은 장작불이었다. 먼저 불이 붙은 토막은 불씨가 되고 빨리 붙은 장작은 밑불이 되고 늦게 붙은 나무는 마른 나무 곁에, 젖은 놈은 나중에 던져져 활활 타오르는 장작불 같았다. 누구하나 버려지거나 쓸모없는 사람은 없었고 모두를 포용했다.

조선일보 논설위원이었던 이규태는 한국의 문화를 김치 정신에 비유했다. 김치는 배추, 마늘, 고추 등 온갖 야채를 젓갈에 삭혀놓은 것으로 아무리 씻어내도 원래의 모습으로 환원되지 않는 새로운 창조를 한다.

또한, 재료가 추가로 들어갈 때마다 끝없이 새로운 맛을 만들어내며, 같은 재료를 썼다 하더라도 보존 기간과 방법에 따라 다양한 맛을 낸다. 모든 것을 포용하고 그것을 통해 조화와 화합을 이루어내는 얼의 극치인 것이다.

생각하기 시작한 시기에 인간은 4가지 요소 사이의 관계성에 대해 고민하였다. 나(인간)-너(인간)-신-자연이다. 서양은 신화의 시대에서 희곡의 시대를 거쳐 철학의 시대로 넘어오며 대칭적인 분화, 즉 기본적인 하나의 축에 두 대칭적인 구조를 두고 그 축을 또 하나의 대칭을 가진 축과 연결하는 방식으로 그 관계를 규명하였다.

간단히 앞의 4가지 요소를 분석해보면 신(하늘) 앞에 있으면 인간은 무능력한 존재지만 자연 앞에서는 만물의 영장이고 자연은 정복의 대상이었다. 인간과 인간의 관계도 대립의 관계였기 때문에 정반합의 원리를 통해 발전한다고 생각하였다.

반면에 우리나라에서는 다음의 그림에서 보듯이 서양처럼 대칭적인 구조가 아니라 수학의 교집합의 형태로 천지인의 조화를 나타낸다. 하늘이 나의 일부요 내가 하늘의 일부였기에 하늘을 우러러 한 점 부끄럼이 없기를 원했고 (신∩인간), 인간과 자연도 서로 불가분의 관계(인간∩자연)였기에 자비의 사상으로 나왔다. 인간과의 관계에서도 끈끈한 정(인간∩인간)이 있을 수밖에 없었다. 끊을 수 없는 하나가 끊김을 당할 때 여기에 따르는 슬픔이 한恨이었다.

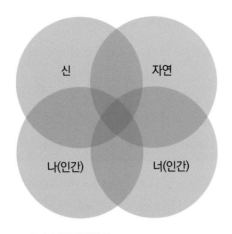

우리나라의 합일의식

막걸리는 김치와 더불어 우리 민족의 얼을 대표하는 문화적 유산으로서 위 도형의 교집합이 다시 합쳐지는 핵심core이다. 하늘과 인간의 하나가 되는 합일의식은 춤과 제사를 통해 이루어졌고 그런 절차에서 매개가 되었던 것이 막걸리였으며 "고수레"하면서 던져주거나 나무에 뿌리는 것도 막걸리였고 여러 사람이 모여 화합과 정을 쌓는 매개가 되었던 것도 바로 막걸리였다.

5천 년 역사, 5년 반마다 일어난 외침, 한恨의 문화, 피곤했던 우리 조상들 삶과 더불어 정精을 만들어 내는 매개체가 되었던 막걸리!

고구려 때는 계명주라고 해서 전쟁 나가기 전 용기를 가지게 했고 선조들은 농사를 지으며 허기를 달래고 힘을 돋우는 역할을 했던 서민의 술, 쌀이 부족할 때 마시며 어려운 시대를 견디어냈던 술이 바로 막걸리이다. 그러나 정작 우리는 우리 것을 경시하는데 아직도 막걸리를 호텔에서, 뷔페에서, 예식장, 장례식에서 볼 수 없다. 막걸리는 알코올 성분만 제외하면 영양제를 먹는 것과 다름없다. 막걸리 1병에 들어있는 유산균은 약 1억 개인데 일반 요구르트 120병 분량이며 유해 세균을 파괴하고 면역력을 강화한다고 하며 비타민 B도 풍부하며 식이섬유 덩어리라고 해도 지나치지 않다. 막걸리는 즉 미생물에 의해 자연 발효된 자연식품으로 술인 동시에 건강식품이다.

이제는 우리의 얼과 정신이 담긴 막걸리에 대해 애정을 가지고 자랑스러워하는 문화를 만들어 나가야 한다. 문화 중에서도 식문화는 문화 파급적 효과에서도 무한한 부가가치를 지니고 있기에 막걸리의 문화가 없는 제품 위주의 세계화를 지양하고 막걸리 자체를 세계에 내놓을 만큼 우리의 문화유산으로 만들 수 있도록 다양한 논의와 시도를 할 필요가 있다. 세계인들이 즐길 수 있는 막걸리에 대한 문화 콘텐츠를 만드는 활동도 장기적으로 해야 할 중요한 과제이다.

민족혼을 높이고 기를 살리는 국민의 술

조선 말기 철종은 임금이 되기 전 보리밥에 국이라도 마음껏 먹어보는 것이 소원일 정도로 가난하게 살았다. 임금이 되어서도 전국 각지에서 소문난 술이 없을리 없었지만, 강화도령 시절 맛 들인 막걸리 맛을 잊을 수가 없었다고 한다.

그래서 신하들이 소문난 한양의 주막집 막걸리를 구해 올렸지만 그중에 다 쓰러져 가는 조그만 토방의 술집 막걸리에서 임금이 원했던 맛을 찾을 수 있었다고 한다. 그 술 빚는 법을 물어 궁중에서 담가 올렸으나 그 맛이 나지 않고 오직 그 집 토방에서 멍석 옷 입힌 항아리에서 빚어야만 제맛이 났다고 한다. 이렇듯 막걸리는 반귀족적이고 서민 지향적인 특징이 있다.

막걸리는 유유자적하게 여유를 즐기면서 먹는 것이 아닌 근로 지향적인 특징도 있다. 한잔을 죽 들이켜면 배고픔을 잊을 수 있게 요기도 되고 흥도 나며 기운을 북돋워 힘든 농사일을 수월하게 해주었다. 막걸리를 농주農酒라고 하는 것은 바로 그 때문이다. 이상한 것은 일하지 않고 놀고먹는 사람이 막걸리를 마시면 속이 편하지 않고 고약한 트림이 나며 숙취를 일으킨다.

조선일보 논설위원이었던 이규태의 칼럼에 이런 이야기가 있다. 조선 시대 중엽 유난히 막걸리를 좋아하는 판서가 있었는데 좋은 소주와 약주가 있는데 왜 하필이면 일꾼들이나 마시는 막걸리만을 드시냐고 아들들이 탓하자 아무 말을 하지 않고 소의 쓸개주머니 세 개를 구해오라고 했다고 한다. 각각의 주머니에 소주와 약주 그리고 막걸리를 각각 넣고 며칠 후에 열어보니 소주 쓸개에는 여기저기 구멍이 나 있었고 약주 쓸개는 상해서 얇아져 있었으며 막걸리 쓸개는 오히려 두꺼워져 있었다고 한다.

사실 약주와 막걸리는 한 술 항아리에서 탄생한 같은 성질의 술이다. 다만 약주는 걸러지는 과정을 거쳐 선별되어 상대적으로 상류층이 마시는 술이요, 막걸리는 선별의 과정이 없이 막 걸러 상대적으로 하류층이 마시는 술이다.

한 항아리에서 태어났으면서도 약주는 쓸개를 해치는데, 막걸리는 쓸개를 튼튼하게 한다고 하는 것은 바로 막걸리가 반 계급적인 평등지향의 특징을 가지고 있다는 뜻이 된다. 결론적으로 막걸리는 귀족 중심의 왕정 시대에 반 귀족적이고 반유한적反有閑的이며 반 계급적이라는 민주주의의 정신을 구현한 철학을 지닌 우리 민족의 술인 것이다.

막걸리가 일제강점기의 탄압을 거쳐 한 세기에 걸친 질곡의 세월을 견디는 동안 우리 사회는 과도한 사치, 과도한 소비, 지나친 유흥, 신 귀족층, 신 유한층, 신 상류층이

기승을 부렸다. 우리 민족 고유의 정신과 얼이 녹아있는 막걸리의 삼반주의三反主義가 흔들리고 있다는 요즘 세태를 보면 우리가 이제는 한 번쯤 짚고 가야 할 시기가 되었다고 생각한다.

나는 막걸리 이외에도 우리 민족의 얼을 함축하고 있는 많은 소중한 정신적 문화유산을 가지고 있다고 생각한다. 잠자리를 보자. 서양의 잠자리는 자고 나도 그 자리가 그대로 남아있다. 침대처럼. 그런데 한국의 잠자리는 자고 나면 공간이 없어진다. 이불을 개서 넣어 놓으면 그 자리는 무無가 된다. 서양의 식탁도 식사 후에 공간을 그대로 차지하고 있는 데 반해서 한국의 밥상은 상다리를 접어 넣게 되면 공간이 환원된다. 우리나라처럼 공간의 활용을 잘하는 나라도 드물다. 그중에 가장 대표적인 것이 바로 보자기이다. 서양의 휴대기구인 가방은 일정 용량 이상은 담지 못하고 그 이하도 필요 없는 공간이 생긴다.

그뿐만 아니라 쓰지 않을 때도 일정 공간을 차지한다. 이에 비해 보자기는 물건의 크고 작음, 많고 적음에 전혀 문제가 없으며 임무를 마치면 겸손하게 무로 돌아간다. 또한, 보자기는 휴대 도구로서 뿐만 아니라 머리와 목에 두르면 스카프가 되고 허리에 걸치면 앞치마가 닦으면 수건이 되고 묶으면 끈이 되고, 깔면 방석이, 가리면 가림막이 된다. 아이를 업으면 포대기가 된다. 이렇게 다양하게 사용되다가 임무를 다하면 무無가 된다. 이것이 우리 민족의 얼의 근본적인 심성이 아닐까? 모든 것을 포용하고 결국은 무無로 돌아가는 것.

　김치는 어떤가? 서양의 샐러드는 다양한 야채를 섞어 소스를 뿌려서 먹는다. 그런데 소스를 제거하고 물로 씻어내면 원래대로 돌아가는 불완전한 결합이다. 그러나 김치는 다양한 야채를 섞고 고춧가루를 버무려 만드는데 물로 씻는다고 원래의 야채로 돌아가지 않는다.

　각각의 야채가 모여 하나가 되지만 그렇다고 정확한 요리법이 있는 것도 아니고 오직 한가지의 맛으로 통일되는 그런 것도 아니다. 야채가 추가될 때마다 계속 다른 맛을 내며 담그는 사람에 따라서도 무궁무진한 맛을 만들어내는 것이다.

같은 김치라고 하더라도 시기에 따라 바로 먹는 맛도 몇 년 뒤에 먹는 맛이 또 다르다. 모든 것을 포용하고 새로운 것이 추가될 때마다 통일성이 있지만, 개개의 독특한 특성을 훼손하지 않는 그런 것이 바로 우리의 김치이다.

그렇다. 막걸리는 바로 위에서 언급한 김치, 보자기와 더불어 우리 민족의 얼을 계승하는 가장 대표적인 문화유산이다. 일반적인 요리법은 있지만 만드는 사람마다 장소에 따라서 맛이 다르고 추가되는 재료에 따라 얼마든지 맛이 달라지는 그런 정신이다.

막걸리는 그 자체로 살아 있는 술이다. 막걸리는 가장 변화가 심한 술로서 대부분 막걸리는 생으로 유통되며, 매일 맛이 조금씩 변한다. 막걸리의 맛은 김치와 마찬가지로 다양한 재료와 시기에 따라 맛이 다르며 빚는 방법과 사람에 따라서도 다양하게 나타난다. 또한, 막걸리는 이야기와 문화를 가지고 있고 그것이 막걸리의 부가가치를 높인다. 막걸리를 통해 그 지역의 역사, 인물, 문화, 음식, 나아가 기후, 토양까지 소개하는 것이다.

　　최근에 '찾아가는 양조장' 프로젝트가 있다는 것을 알게 되었다. 막걸리를 만드는 사람과 지역, 문화를 눈과 귀, 오감을 통해 확인하러 가는 과정이다. 양조장은 막걸리와 역사를 함께한 공간으로서 세월이 매우 길며 그들이 만들어낸 막걸리는 지역의 농산물과 연결되어 있다. 지역의 농산물은 바로 그 지역의 문화를 담고 있으며 막걸리는 사람들에게 술 그 이상의 문화를 소개하는 매개다. 이제는 막걸리를 술이 아닌 '문화'로 해석하는 시기가 되었다.

전통 술집 주막의 소통 문화

고려 시대에는 주막이 아니라 주점의 형태였으나 조선 후기 대동법이 시행되고 상품경제가 발달하여 화폐 유통량이 증가하면서 본격적인 주막의 형태가 생겼다고 한다. 일제 강점기 초기에 신작로가 뚫리고 자동차들이 많이 다니면서 주막이 점차 사라지게 될 때까지 주막은 우리 민족의 삶과 밀접하게 연결되어 있었다.

1909년에 이마무라 도모가 쓴 《조선풍속집》을 보면 "산간 벽촌에도 주막이 없는 곳이 없다."는 내용이 나온다. 큰 지역뿐만 아니라 작은 시골 지역까지 주막이 존재하였

김홍도의 〈주막〉(국립중앙박물관 소장)

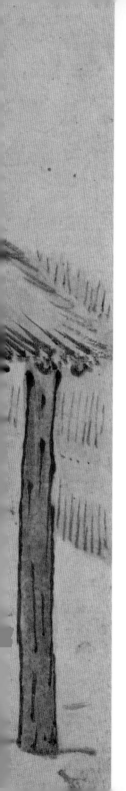

으며, 굳이 마을이 아니어도 사람들이 지나다니는 길마다 주막이 존재했다.

음식점과 술집, 여관, 심지어는 우체국의 역할까지 사람들의 희로애락을 담당하는 모든 서비스를 제공했다. 지나가던 나그네들에게도 하룻밤 묵어갈 수 있는 잠자리를 제공해 주는 등 해당 지역 주민들의 신분을 뛰어넘은 교류의 장소이자 없어서는 안 될 매우 중요한 시설 중 하나였다.

또한, 인터넷 등 대중매체가 없던 시기에 정보를 전달하고 여론형성을 담당하는 일종의 창구였기도 했다. 주막에 있는 사람들을 하나로 묶는 매개가 되었던 것이 바로 막걸리가 아니었을까? 모르는 사람끼리도 막걸리 한 잔에 정을 나누고 살아가는 이야기를 하며 현실의 희로애락을 공유했던 공간이 주막이었다.

주막의 중심은 주모였다. 주막의 경영은 신분의 구분이 없었다. 우리가 드라마에서 보던, 주모가 아양을 있는 대로 다 떨며 술을 차려 내어놓는 그런 광경의 주막은 중인이거나 천민들이 운영하는 주막이었으나 몰락한 양반집 아낙들 가운데 용기 있는 여자들이 술장사하던 곳은 아주 달랐다. 그런 까닭에 철저히 예의를 지켜가며 술을 팔았다.

주인과 손님은 대면對面이나 직접 말을 주고받지 않았다. 따라서 손님과의 소통은 이곳에서 일하는 소년이나 환갑이 가까운 노파들이 맡았다. 주막을 운영하는 인적 요소 가운데는 주모가 차지하는 비중이 가장 크며 그 외 구성원으로 규모가 큰 주막일 경우 찬모가 있거나 설거지 담당 아낙과 중노미가 있었다.

서민들의 중요한 삶의 공간이었던 주막

그런데 사실 조선의 숙박업은 같은 시기의 중국이나

일본, 서양과 비교하면 초라한 편이었다. 조선의 숙박업이 주막 정도만 발달했는가에 대해서는 일면 양반들에게도 원인이 있다는 이야기가 있다. 조선 시대 양반은 대개 전체 수입의 1/3 정도를 손님 대접에 썼다고 하는데 한마디로 그 동네 부유한 양반집은 일종의 호텔 비슷한 역할을 했다는 의미다.

손님의 대부분은 길가는 나그네들이었다. 옛날 야사나 동화, 사극을 보면 나그네들이 그 고을의 좀 살만한 집 문 앞에 가서 하룻밤만 신세 지고 싶다고 하면 그 집주인이 성격이 고약하거나 집안에 특별한 일이 있지 않은 이상 재워 주고 식사도 주고, 노잣돈까지 쥐여 주는 장면을 쉽게 볼 수 있다.

오죽하면 황혼축객黃昏逐客이라는 사자성어까지 있어서 밤늦게 재워달라는 나그네를 그냥 쫓아 보내는 것은 패륜으로 봤을 정도였다. 손님 대접을 조상에게 제사를 지내는 것만큼이나 중요하게 생각했던 선조들의 문화를 통해 우리 민족 정情의 단면을 느낄 수 있다. 한마디로 숙박비를 안 받으면서 번듯한 방에 재워주고, 운 좋으면 식사도 공짜에 노잣돈도 주는 집들이 고을에 널려 있는데 숙박업이 기를 펴긴 어려웠을 것이란 이야기다.

또 사실 주막은 낭만적인 공간은 아니었다. 과거의 풍경을 보면 주막은 원래 막걸리를 팔면 잠은 거저 재워주었는데 잠자리라는 곳이 봉놋방이라고 불리는 좁은 방이었다. 장판도 한지를 덕지덕지 바른 것으로 습기 때문에 장판이 일어나서 먼지가 풀풀 날리고 이부자리 대신에 지푸라기로 엮은 거적으로 덮기를 하는 형편없는 방이었다.

그나마 장날이거나 과거 날이 임박한 그런 경우 사람이 넘쳐나면 한데 잠을 잘 수 없는지라 땀 냄새 가득한 방에 칼잠을 잘 수밖에 없고 남녀 구별을 두고 방을 내주지 않는지라 여인네들은 방구석에서 앉은 채로 날밤을 새우는 경우도 있었다고 한다. 거기다가 이와 벼룩 등 벌레들이 설치면 잠을 자기는커녕 그저 날만 밝기를 기다릴 뿐인 그런 곳이었다.

그럼에도 불구하고 주막의 존재 의미가 크고 중요한

까닭은 무엇이었을까? 주막은 단순한 술집 이상이었다. 그 마을 사람들뿐만 아니라 여행하는 모든 사람에게 매우 유용한 정보 획득의 장소였다. 조선 시대에는 요즘과 같이 정보를 얻을 수 있는 다양한 수단이나 뉴스를 들을 만한 곳이 없었다. 따라서 정보와 뉴스를 얻기에는 주막만큼 적당한 곳도 없었다.

주막에서는 항상 생생한 정보와 뉴스거리가 넘쳐났고 술꾼들이 왁자하니 떠들거나 은밀히 나누는 이야기를 엿들은 주모는 자연히 뉴스의 중심인물이 되거나 전달자가 되었다. 따라서 어떤 정보가 필요한 사람들은 반드시 주막을 찾는 것이 당연한 순서였던 것이다. 주막의 위치도 교통의 요지이거나 사람들이 반드시 지나가야 하는 길목에 위치하는 것이 어쩌면 당연한 일인지도 모른다.

주막이라는 공간에서 오다가다 만난 사람들이 함께 모여 막걸리를 마신다는 행위는 동서양을 막론하고 예로부터 특별한 공동체를 형성한다는 것을 의미한다. 막걸리를 나누는 동안에는 성공을 축하하며, 건강을 기원하며, 서로의 우애와 친목을 도모하며, 공통의 목표를 달성하기 위한 단결을 다지며 하나의 집단처럼 단단히 묶인다. 이러한 술자리의 의미는 술을 공개적으로 마실 수 있는 술집에서 더 명확하게 나타난다.

그래서 술집에서는 밖의 일상적·시민적 삶과는 전혀 다른 법칙과 규칙들이 지배했다. 모든 사람은 서로 알건 모르건 다른 사람을 이야기에 끌어들일 수 있는 권리가 있고, 상대도 말을 걸어오면 응답해줘야 할 의무가 있다. 술집 입구는 상징적 의미를 지니고 있다. 누구나 문지방을 건너오는 사람은 술집에 머무르는 동안 모르는 사람과도 대화할 준비가 돼 있음을 암묵적으로 승인한다. 손님들은 연령에 상관없이 열려 있는 인물로서 술집에 들어온다.

그것은 술집에 있는 다른 사람에게 말을 거는 데 열려 있고, 스스로가 그런 접촉을 통해 친교할 수 있을 정도로 열려 있음을 의미한다. 서로가 서로에게 열려 있다는 점에서 주막은 고전적이지만, 여기에서 제공되는 모든 재화와 서비스의 값을 치러야 하는 점에서 또한 근대적이기도 하다.

주막酒幕은 고전성과 근대성 두 모습을 띤 우리의 전통 술집이었다. 소통이 단절되어가는 현대사회에서 주막 문화를 되살리는 노력이 필요한 시대가 되었고 그 중심에 막걸리가 있음을 부인할 수 없다.

자주독립 운동의 역사와 함께한 막걸리

1920년대 보성전문학교(고려대학교의 전신)의 운동회나 친목회 뒤에는 반드시 항일운동과 민속주의 상징으로 막걸리를 마셨다고 한다. 막걸리가 어느 때부터 고려대를 상징하는 대표적인 술이 되었는지는 분명하지 않다. 원래 민속적인 전통주로 옛날부터 서민층의 애호를 받은 막걸리가 개교 이래 항일운동을 하고, 반민주 반독재 투쟁에 앞장을 서면서 고대의 막걸리 정신과 전통이 형성되어 왔던 것이라고 보는 것이 자연스럽다.

근현대사에서 경세가로 칭할 의암 손병희 선생

의암 손병희 선생

(1897~1907)은 조선을 근대화하기 위한 삼전론의 일환으로 1907년 12월 21일 보성학원을 인수하였다. 막대한 부채를 안고 인수하면서 손병희 선생은 학교에서 일체의 종교적 색채를 강요하지 말 것을 특히 당부하였다. 그때 손병희 선생이 보성학원을 인수하지 않았다면 오늘의 고려대학교는 존재하지 않았을 것이다.

손병희 선생은 조선 민족을 대표하여 1919년 3·1선언을 주도한 후, 국내외 2천만 조선 민중의 성원으로 대한공화국 임시정부the republic of korea 대통령에 추대되었으나, 직위에 연연하지 않고 대한민국 상해임시정부를 기초하게 하는 등 민주 공화제의 대한민국 건국과 자주독립이란 대의를 위해서 죽음으로써 동치의 리더십으로 위대한 민주국가 경영전략을 실천한 혁명가이자 큰 교육가였다.

손병희 선생은 서대문감옥에서 일제의 모진 고문으로 사망하기 직전 풀려나 여독으로 순국하였으나, 그 와중에도 보성학원의 경영권을 무상으로 인촌 김성수에게 물려주면서 대한민국 최고의 민족사학으로 발전시키도록 당부했다고 전해진다. 언전의 유시와 수백만 천도교인들의 막대한 희생에 의해 피어난 보성학원의 피맺힌 역사歷史를 고대인들은 새기면서 공부하여야 한다.

해방 후 고려대학교는 교정 한구석에 손병희 선생의 동상을 세웠다. 고려대학교를 거쳐 간 많은 학생들이 저항의 상징인 막걸리를 마시면서, 손병희 선생께서 역사적으로 제대로 평가받지 못함에 울분을 토하기도 했을 것이다. 또한, 손병희 선생의 자주독립 정신을 좋은 안줏거리로 삼아 왔음이 틀림없다.

자유의 쌀에 정의의 누룩을 빚어 진리의 물로 걸러낸 막걸리! 그런 3·1혁명 정신이 녹아있는 막걸리 문화를 계승한 고려대학교가 사학의 명문으로 성장한 배경에는 텁텁한 우리 쌀로 빚은 막걸리가 한몫하고 있음을 알아야 할 것이다.

의암 손병희 선생과 막걸리

　의암 선생의 나이 29세가 되던 때(1889년)였다. 8월 13일에 조카인 손천민의 집에 이르렀을 때 마침 청주 병영으로부터 포졸 세 사람이 와서 동학군인 손천민을 체포하려고 왔다가 그가 없으므로 그 부인을 결박하여 청주로 연행하려 하고 있었다.

　이것을 보자 의암 선생은 "어째서 남의 집 부녀자를 결박하였느냐?"고 따졌다. 이에 포졸들은 "네가 누구냐?"고 물었을 때 의암 선생은 "나는 손천민의 숙부이다."라고 대답하자 그 포졸은 "나는 천민이 동학 한다기에 체포하려고 왔더니 도망가고 집에 없으므로 그 아내를 볼모로 대신 묶어가려 한다.”고 대답했다. 의암 선생은 “대신 묶어갈 바에야 그의 아내보다 삼촌인 내가 어떠한가?”라고 말함에 포졸들은 “네가 대신 묶여 갈 수 있느냐?”고 되물었다.

의암 선생은 “삼촌 체면에 조카며느리가 조카의 대신으로 고생하게 되었는데 그를 보고만 있을 수가 있느냐.” 함에 포졸들은 “네가 동학을 아느냐?” 그러자 의암 선생은 “알다 뿐이냐, 나도 동학군이다.” 이렇게 말함에 포졸들은 의암 선생의 얼굴을 번갈아 보며 “네가 자진해서 묶여 가면 별수가 있을 줄 아느냐?” 이렇게 말함에 “그것은 너희들이 상관할 바 아니니 나를 묶어라.”고 하였다.

그러자 포졸들은 천민의 아내를 풀어놓고 대신 의암 선생을 묶으려 하자 손을 뿌리치며 “내가 자진해서 가는데 묶기는 왜 묶으려는 거냐. 내가 도망을 친다 하더라도 너희들 세 사람이 나 하나를 붙들지 못하지는 않겠지.” 그러자 포졸들은 “그럼 그냥 가자.” 이리하여 포졸들이 앞뒤에 서서 의암 선생을 데리고 대주리를 떠나 주성거리에 도착하였을 때 이미 점심때가 지났다.

이때 의암 선생은 "사나이로 태어나 점심때가 지났는데 술집 앞을 그냥 지날 수가 있느냐." 그러자 포졸들 역시 배가 고프며 술 생각이 없는바 아니나 크게 인심이나 쓰듯 좋을 대로 하라고 하였다. 그러자 의암 선생은 포졸들에게도 막걸리를 사주면서 자신도 막걸리 열 사발을 계속해서 마시고 자리에 드러누우면서 "나는 취해서 못 가겠다. 벌이 중하거든 나를 업고 가라."

이 말을 들은 포졸들은 막걸리는 얻어먹었으나 하는 말이 기가 막혀 그냥 두고 가려고도 하였지만, 장차 무슨 구실이라도 잡힐까 보아 겁이 났다. 그러므로 포졸 세 명은 의암 선생을 교대해서 업고 청주 병영의 영문 앞에 도착하였을 때 "병신이 아니고야 관문官門에 까지 업혀서 들어갈 수 있느냐." 하면서 그때부터 걸어 앞장서서 영내로 들어갔다.

이때 영장은 그늘진 대로 옮겨가면서 시원한 곳에 자리 잡고 있었는데 마침 그 옆에는 율곡 이이가 청주 군수로

의암 손병희 선생이 설립한 봉황각

있을 때 손수 심은 나무가 있었고, 그 아래에는 율곡 선생의
기념비가 서 있었다. 그 기념비 옆에 의암 선생이 서 있을
때 포졸들이 보고하자 영장은 위엄을 갖춘 다음 서릿발 같
은 소리로 "네가 분명히 손천민의 숙부냐?" 그 물음에 의암
선생은 "그렇습니다."하고 대답하였다.

"너도 동학을 한다지?" "네! 하다뿐 입니까." 그러자 영장은 "그놈 당돌하구나!" 하면서 의암 선생을 위아래로 훑어보고 난 뒤에 "너는 무슨 뜻으로 자현을 하였는가?" 하고 묻자 "사람은 의리로 살아야 합니다. 저도 동학을 하거니와 동학군이 무슨 죄가 있어서 체포하는 것인지 알 수도 없고 또 조카 대신에 조카며느리가 묶이어 있기에 삼촌의 도리로서 더구나 같은 동학군으로서 자현을 한 것뿐입니다."

　그러자 영장은 "네 뜻은 기특하다. 얼굴을 보니 사내로 생겼구나. 그러면 너의 괴수 최해월은 지금 어디 있느냐? 아는 대로 아뢰어라. 만약 사실대로 말하면 살려주려니와 그렇지 않으면 네놈부터 목을 베이리라! 알겠느냐?" 하는 호령을 추상같이 내렸다. 그러나 의암 선생은 자진해서 갈 때부터 어느 정도의 고충은 각오한 바이므로 얼굴빛마저 변하는 기색 없이 "이왕 자진해서 온 몸이니 사실대로 아뢰겠습니다." 그러자 영장도 위품을 세우면서 "응 그래야지. 사실대로 아뢰어라."

이때 의암 선생은 율곡 선생의 비석을 어루만지면서 "이 비석이 바로 율곡 선생님의 비석이 아닙니까? 선생님은 당시에 국가의 장래를 걱정하시면서 10만 양병론을 주장하시고 임진 강가에 정자까지 지으셨지만, 당시에 우매한 사람들은 선생의 큰 뜻을 헤아리지 못하였기 때문에 천추의 한을 끼쳤거니와 예와 이제가 다를망정 이제 몇 해만 지나면 동학의 진리가 과연 옳다는 것을 세상 사람들이 다 알게 될 터인데 어찌하여 내 나라를 안보하고 내 백성을 편안하게 하겠다輔國安民는 동학군을 잡아다 죽이려 하고, 방백·수령들이 보호는 못 하여 줄망정 동학군을 원수같이 여기니 대체 무슨 심정들인지 알 수가 없고, 내가 조카를 대신해서 자현을 했거늘 해월 선생님 계신 곳을 내 입을 열어 고백할 것 같습니까? 자 어서 내 목을 베시오."했다.

목을 추켜들어 비석 앞으로 다가서니 영장이 다시 의암 선생의 아래위를 훑어보고 "고놈 말 못할 놈이구나. 잡아 오라는 놈은 안 잡아 오고 어디서 호랑이 같은 놈을 잡아왔구나. 그놈 참 배짱 좋다. 과연 남자로구나." 이렇게 말하면서 다시 포졸을 불러 "시끄럽다. 저놈 어서 돌려보내라." 하여 석방되었다. 이때나 오늘이나 막걸리는 서민이 즐겨 먹는 술이고 저항의 정신을 내포하고 있었던 민족의 술이던 것이다.

이등방문을 쓰러뜨린 기개

조선 침략의 원흉인 이등방문(이토 히로부미, 1841~1909)이 입헌정우회 총재를 그만두고 추밀원 의장으로 활동할 무렵이다. 어느 날 이토가 생면부지의 이상헌(손병희)을 관저로 초대했다. 조선인이 도쿄에서 자동차를 타고 다닌다는 등 여러 가지 소문을 듣고 그의 정체를 알기 위해서였다. 이토는 조선침략을 기도하면서 조선(조선인)에 대한 관심이 많았다.

이토는 처음부터 의암 선생의 인격을 시험하기 위하여 내외에 엄중한 경계를 편 뒤에 정문에 들어설 때부터 의암 선생의 일거일동을 방안에서 내다보고 있었으나 조금도 어색함이 없이 태연하게 들어서는 것을 보고 섣불리 다룰 수 없는 인물로 여겼다.

집에 들어서자 이토는 현관에서 의암 선생을 맞이했고 인사교환 후 술상을 마련했다. 이때 이토는 주인으로서 손님인 의암 선생에게 술잔을 권했고 잔을 받아 그대로 마신 뒤 이토에게 돌려주었는데 두 사람 사이에는 안주마저 들여가가 없이 술잔이 오갔다. 두 사람은 다 같이 영웅심에서 술잔부터 지지 않으려는 배포였다. 젊은 시절 한때 이미 술에 절었던 몸이라 그 정도로서 정신이 희미해질 의암 선생은 아니었다.

이미 이토의 생각을 어느 정도 짐작하는 터이라 조금도 변함없이 술을 마시자 주인인 이토가 먼저 취해서 자리를 비우고 돌아오지 아니하자 의암 선생은 그때부터 안주를 들면서 여유 있게 기다렸고 이미 취해 버린 이토가 정신마저 잃었다는 전하는 말을 듣고 물러 나왔다는 일화이다.

손병희 선생이 일본에 망명 시절(1901~1906), 이상헌이

손병희 동상

란 가명으로 철저하게 동학(조선)의 교조(대도주)라는 신분을 숨기면서, 1902년부터 조선의 인재들을 일본에 유학시켜 서양의 신문물을 배우게 하는 등 장차 조선의 독립을 위한 청년지도자들을 비밀리에 가르치고 있었던 의암 선생은 도쿄에서 일본인 대관이나 큰 부호들이 타고 다니는 쌍두마차를 한 대 구입하여 마차를 타고 도쿄 시내를 돌아다니는 전략으로 호랑이 굴인 일본에서 그들의 조선침략에서 벗어나거나 맞서는 방략을 도모하고 있었다.

일제의 자부심인 이등방문을 능가했던 의암 선생의 기개와 당시 건강한 주량과 용기와 지혜, 세계질서를 보는 안목은 청년 시절 우리 막걸리로 다진 힘이 어느 정도 작용했으리라 본다.

주막집과 손병희

동학혁명군 총사령관(북접 통령)이었던 손병희 선생은 동학 혁명이 실패하자 도망을 다녀야만 했다. 그러던 어느 날 동료들과 함께 어떤 부락을 지나가려는데 가까운 주막에서 관군들이 행인들을 검문하고 있는 것이 보였다. 함께 도망을 가던 동료가 당황하면서 손병희 선생에게 말했다.

"어떻게 하면 좋겠소?"

"글쎄 그야말로 진퇴유곡이로군요."

손병희 선생도 어두워진 표정으로 중얼거렸다. 그러자 일행 중의 다른 한 동료가 도망을 치자고 말했다. 이 말에 손병희 선생은 펄쩍 뛰었다.

"그건 안 될 말이외다. 빤히 보이는 거리에서 지금 오던 길을 되돌아 도망을 친다 합시다. 관군이 그냥 놓아두겠소?"

"그럼, 어떻게 하겠다는 겁니까?"

손병희 선생은 무엇인가 잠시 생각하더니 두 동료 곁으로 바싹 다가서서 귓속말했다.

"그 참 좋은 생각이오. 하하하."

동료들은 만족한 얼굴로 크게 웃으며 손병희 선생의 뒤를 따랐다. 이윽고 주막집 앞에 다다른 손병희 선생은 성큼 들어서면서 말했다.

"하하하, 참새가 방앗간을 그냥 지나칠 수 없다는데, 어디 나도 한 판 해볼까?"

관군은 두 패로 나뉘어 한패는 검문하고 또 한패는 주막집에 들어앉아 노름을 하고 있었던 것이다.

"돈 있소?"

관군 중 한 사람이 손병희 선생을 위아래로 훑어보며

물었다.

　"아니, 노름판에 끼어들려는 사람이 돈 없을까?"

　손병희 선생은 돈을 앞에 꺼내놓고 노름을 시작했다. 돈들이 오가고 한창 흥이 날 무렵 손병희 선생은 갑자기 벼락같이 고함을 질렀다.

　"얘들아! 이놈들을 냉큼 묶어라!"

　"예~에이!"

　동료들은 일제히 달려들어 노름하던 관군들을 묶으려고 했다. 그러자 관군들은 당황하여 어쩔 줄을 몰라 했다.

　"아니 이거 왜 이러십니까?"

　"왜 이러다니? 내가 누군 줄 아느냐? 그래 잡으라는 동학군을 안 잡고 노름들을 해? 이런 놈들은 당장에 목을 쳐야 한다. 자, 어서 묶어서 포도청으로 데리고 가도록 하여라!"

　"예~에이!"

　손병희 선생의 서릿발 같은 호령에 동료들은 허리를 굽신거리며 모두 묶었다. 관군들은 창백해진 얼굴로 빌었다고 한다.

본래 주막은 막걸리를 나누면서 나랏일을 걱정하고 세상살이를 토로하던 곳이다. 그러나 일제 강점기를 거치면서 우리는 주막 문화를 잃었던 것이다. 동시에 건강한 막걸리까지 빼앗겼다. 소통하는 오천 년 전통의 역사와 문화를 막걸리가 있는 주막 문화에서 다시 시작하는 것은 오늘을 사는 우리의 몫이 아닐까.

주세법에 따른 막걸리의 흥망성쇠

막걸리는 20세기 초반까지만 해도 주막이나 음식점에서 직접 제조하였거나 각 가정에서 만들어 마셨다. 그러나 일제강점기 때 최초로 술이 과세의 대상이 되면서 그 수가 현저히 줄어들었다. 일제는 우리나라를 통치하기 위한 자금을 확보하기 수단으로 세법을 시행하여 술에 세금을 매겼다.

주세를 거둬들이기 위해 자가 양조를 금지함으로써 대규모로 막걸리를 제조하는 양조장이 생겨났다. 1934년에는 막걸리 자가 제조자가 완전히 사라지고 양조장 막걸리만 남게 되었다. 해방 후에도 일제치하의 주세행정이 그대로 이어졌고, 박정희 정권하에서는 수입 밀가루의 소비를 위해 식량난과 쌀 소비 억제라는 명분을 걸어 막걸리 제조에 쌀을 사용하지 못하게 하였다.

1962년 주세법시행령을 개정하여 쌀 사용량을 70% 이하로 줄이고, 1972년 "양곡관리법"을 통해 쌀 사용을 전면 금지하였다. 1997년 시, 군마다 제한되어 있던 막걸리의 신규면허가 풀려 자격요건만 갖추면 누구라도 양조장 면허를 얻을 수 있게 되기까지 오랜 세월을 효율적인 관리에 초점이 맞추어져 왔다.

1986년 아시안게임과 1988년 서울올림픽을 계기로 막걸리는 맥주에 '한국인의 술'이라는 대표성을 넘기고 점차 쇠락의 길로 들어서고 만다. 부유층은 맥주와 양주를 소비하고, 서민들은 시큼한 밀가루 막걸리와 쓰디쓴 희석식 소주를 소비하는 음주문화의 양극화가 생기게 된 것이다.

2008년과 2009년에는 한때 일본에서 막걸리 붐이 일어나고 건강에 관심이 증가하면서 국내에서도 막걸리 소비가 늘어나기도 하였지만 아직은 대표적인 한국인의 술로 자리 잡기까지는 요원하다. 그리고 2016년 2월 5일, 하우스 막걸리의 제조·판매를 허용하는 내용의 주세법시행령이 확정·공포되었다.

우리가 이 나라에서 태어났으니 이 나라는 우리나라이다. 우리나라란 다른 나라와 구분하여 말하는 것이니 내 몸이 남의 몸과 다르며, 우리 집이 남의 집과 다른 것과 같은 이치이다.

몸은 누군가의 구속을 받지 않아야 자유롭고, 집안은 누군가의 지휘를 허용하지 않아야 자립할 수 있다. 나라 역시 그러하여 자주적인 권리는 타국의 간섭을 배척하는 것에 있으며, 독립하는 실력은 타국의 침범을 물리친 연후에나 한 나라로서의 생활을 시작할 수 있고 유지할 수 있음이다. 개인의 분쟁은 법률에 따른 재판으로 옳고 그름을 가리거니와 국제간의 시비가 있을 때는 전쟁으로 다투고 그 승패로 결정하므로 예부터 공법

의 천 마디 말이 대포 일문에도 못 미쳐 힘이 강함을 정
의라고 말하였다.

나라를 자주적으로 방위하는 군비가 부실하고, 자
율적인 교육이 이루어지지 못한다면 자주는 허울 좋은
이름일 뿐이고 독립도 외면할 따름이다. 그러므로 동서
고금을 통하여 인류의 역사가 시작된 이래로 빈약하여
점차 쇠퇴한 나라가 기회를 노리는 부강한 자의 침범과
삼킴에서 벗어난 적이 한 번도 없었다.

여러 나라가 대치하여 노리는 틈새에 위치하면서
그 나라를 보전하는 방법이 강력하지 않거나 부강하지
않으면 견디지 못하나니, 부강할 수 있는 방법은 아무
것도 없이 앉아서 담소 중에 찾아지지 않고, 국민이 분
발하고 진취적인 하나의 마음을 가져야 시작할 수 있
다. 나라를 사랑하는 충의의 마음으로 용기를 더욱 권
장하고 나라를 걱정하는 근면한 마음으로 사업에 나아
가서 그 기초를 정하면 뿌리를 세운다.

응용하는 지식과 학술은 세계 모든 나라의 장점을

취함으로써 우리의 단점을 보완하여야 세계와의 각축장에 들어가서도 못나서 없어지고, 약해서 패하는 식의 참욕에서 벗어날 것이다. 이 또한 일조일적에 성위할 수 있는 것이 아니요, 오랜 시간과 노고를 쌓아야 그 성과를 비로소 언급할 수 있을 것이다.

그리하여 오늘을 우리 동포의 준비시대하 말하고자 하나 모든 일에는 사람이 우선이므로 백배 떨쳐서 힘쓰지 아니하면 앞길을 헤아려 알지 못한 것이다. 오로지 원하건대 우리 동포는 이를 성찰하여 살피듯이 삼가고 분연히 일어나 밤낮을 가리지 말고 한마음으로 전진해야 한다.

그리하여 신인 단군의 4천 년 국가와 성스러운 이조의 5백 년 종묘사직으로 영원한 기초를 세워서 온 천하의 모든 나라와 더불어 우호와 회목 속에서 함께 형통할 것이다.

광무9년 4월 5일 동영우옥 서

앞의 글은 동학혁명의 통령으로서 일제에게 나라를 빼앗긴 후, 이상헌이란 가명으로 일본에 망명 중이었던 의암 손병희 선생(동영우옥은 손병희의 필명임)이 동학이 창도된 날(포덕 46년 4월 5일)을 기하여 독립을 준비하라는 《준비시대》란 책을 펴 조국의 백성들에게 살아있음을 알리면서 격려한 서언으로 나라를 사랑하는 마음이 가득 담겨있다.

을사늑약 이후 1906년 2월 한국통감부를 설치하고, 조선의 내정지도권을 획책한 일제가 통치 재원을 조달할 목적으로 주세를 창설하기 위해 1905년부터 1908년까지 우리나라의 주류실태를 조사하였으며, 이를 토대로 1909년 2월 주세법을 제정·공포하였다.

일제가 철저히 준비한 조선침략의 절차에 따라, 이어진 한일늑약에 의해 1911년 10월 1일 설치된 조선총독부는 식민지 통치 경비를 식민지 조선 내에서 조달하기 위해, 1916년 7월 주세령을 8월에는 주세령시행규칙을 제정·공포하여 9월 1일부터 시행하였다. 단군할아버지부터 내려온 신농주 즉 우리 막걸리에 세금을 붙여서 조선을 통치하기 시작한 것이다.

주세법의 역사

주세법의 역사에 대해서 다시 한 번 정리해보자. 1909년 2월에 제정되었다. 1904년 10월 14일 일본은 우리나라에 일본양조시험소 초대소장 출신인 메카다를 재정고문으로 파견하였고, 1906년 2월 한국통감부가 설치되어 내정지도권이 발효되자 이에 대한 재원을 조달할 목적으로 주세를 창설하기 위해 재정고문이 1905년부터 1908년까지 우리나라의 주류실태를 조사하였으며 이를 토대로 1909년 2월 주세법을 제정 공포하였다. 당시 주세법상 주류의 종류분류는 주세법 제2조에 "본법에 있어서 주류라 칭함은 다음 3류로 한다"라고 규정하고 양성주, 증류주, 혼성주 등으로 3종 10품목으로 분류하였다.

다음으로 1916년 7월 주세령 제정되었다. 한일합병에 의해 1911년 10월 1일 설치된 조선총독부는 식민지의 경비를 일본 본국 정부로부터의 보조금 없이 식민지 내에서 조달시키는 재정독립이 급선무였다. 이에 따라 구한말에 제정된 주세법은 주세율이 낮고 미비된 규정이 많은 것으로 판단하고 주세를 증징하기 위해 발본적인 제도개선을 하고자 1916년 7월에 주세령을, 8월에는 주세령시행규칙을 제정 공포하여 9월 1일부터 시행하였다.

주세령에서의 주류의 종류 분류는 "주류라 함은 주정 및 주정을 함유한 음료를 말하고 본령에서 조선주라 칭함은 조선 재래의 방법에 의해 제성한 탁주, 약주 및 소주를 말한다"라고 하여 주류의 범위와 조선주의 범위에 대해 정의하고 제2조에서 양조주, 증류주, 재제주 등으로 주류를 3종류로 분류하였다.

그리고 1945년 해방 후에도 그대로 유지하였다. 1945년 해방이 되어 군정이 실시되자 주세법은 1945년 11월 2일 미군령 포고 제21호에 의해 일제시대의 주세령이 효력을 유지하여 답습 시행되었다. 1947년 11월 음료세령을 공포하였다. 1947년 11월 과도정부 법령 제154호로 주세령과 청량음료세령이 통합되어 음료세령이 공포 실시한 것이다.

또 1949년 10월 주세법을 공포했는데 1948년 8월 15일 대한민국 정부 수립후인 1949년 10월 21일 법률 제60호로 주세법이 공포된 것이다. 당시 주세법은 제2조에서 주류의 범위를 "알코올분 1도 이상의 음료"로 정의하고 주류의 종류를 일제시대의 주세령과 같이 양조주, 증류주, 재제주의 3종으로 구분했다. 그후 현재까지 37번에 걸쳐 개정된 것으로 알려져 있다.

막걸리에 문화를 입혀

천상병은 만나는 사람마다 '천원만 달라'고 하여 막걸리를 사 먹었던 것으로 유명한데, 1967년에 우리나라는 "동백림을 거점으로 한 북괴 대남 공작단 사건"으로 떠들썩했다. 정부에서는 북한과 은밀히 연루되었다고 하여서 죄도 없는 예술인들이나 문인文人들을 체포하였는데 그 사건에 천상병 시인도 연루되어 갖은 고초를 당하게 되었고, 그는 고문 당시 얻은 후유증으로 인해 몸과 마음에 심한 질병을 얻었다. 그 고단했던 삶에서 시와 막걸리는 세속의 현실을 버텨나갈 힘이었다.

서정주 시인은 고향인 전라도 고창에 있는 선운사로 동백꽃을 보러 갔는데 동백꽃은 아직 피지 않았었다. 그래서 절 아래 막걸리 집에 앉아 막걸리나 마셨는데 넉살이 좋은 주모는 막걸리만 판 게 아니라 손님에게 제 육자배기 가락도 들려주었다. 우리의 눈과 귀는 단지 단순히 정보의 수신기만은 아니다.

듣는다는 것은 듣는 사람의 마음이 열려있을 때 소리를 내는 사람의 소리를 끌어안으며 소리와 마음이 하나가 되어 일체를 이루는 것이다. 그 먼 길을 동백꽃을 보러 갔다는 것은 분명 마음의 갈등과 괴로움이 있었을 것이고 주모의 육자배기는 동백꽃을 보지 못하고 돌아가게 된 시인의 마음을 녹였을 것이다. 이렇게 막걸리는 사람을 일체화시키는 매개체이다.

다음 그림은 신윤복의 〈주사거배酒肆擧杯〉이다. '주사거배'는 "술집에서 술잔을 들다"라는 뜻이다. 하급관원들과 양반들이 격의 없이 어울리고 낮부터 막걸리를 마시는 모습 등에서 그 시대를 어림짐작해 볼 수 있다. 이렇게 막걸리

신윤복의 〈주사거배〉(간송미술관 소장)

는 인간관계를 연결하는 연결고리였다.

잊혀가고 있었던 막걸리가 살아나고 있다. 왜 갑자기 막걸리 타령인가. 여러 가지 이유가 있겠지만 가장 중요한 것은 막걸리는 죽은 술이 아니라 효모가 살아 있는 술이라는 점에 있다. 게다가 건강에도 아주 좋다. 피부미용은 물론 갈증 해소, 당뇨, 배뇨, 암 등 각종 성인병 예방 등에도 탁월하기 때문이다.

동화작가로 유명한 소야 신천희 스님의 〈술타령〉이라는 시를 보면 "날씨야! / 네가 아무리 추워 봐라. / 내가 옷 사 입나 / 술 사 먹지"라는 내용이 나온다. 너무 직설적인 표현에 다소 웃음은 나오지만 자유롭고 행복한 삶을 살기 위해서는 아는 체하며 감추는 것보다는 솔직하게 표현하는 것이 옳다고 생각한다.

그의 또 다른 시를 보면 "나는 중이(中2)다. / 그래서 내 나이는 늘 열네 살이다. / 열네 살짜리가 알면 얼마나 알겠는가?"라는 내용이 나오는 데 오랜 세월을 살아온 사람이라면 고개를 끄떡이게 하는 묘한 매력이 느껴진다. 이렇게 막걸리는 자유로움을 느끼고 인생의 여유로움을 갖게 하며 세상을 관조하며 즐기게 한다.

　이번에는 시성 김두기의 〈막걸리 연가〉라는 시를 소개한다.

은하수 우유빛깔 어머니 젖이런가
소박한 맛과 향은 아버지 땀이런가
오늘도 배달민초들 달래주는 우리술

불란서 유명와인 도이치 전통맥주
코리아 쌀 막걸리 뒤질게 뭐가 있나
위스키 발렌타인도 요맛일랑 닮으랴

인생길 굽이굽이 그 뉘라 위로할 손
탁배기 한잔 술로 맘 빗장 술술 풀어
어울렁 지구촌 시대 놀아보세 더울렁

무지개 색동마을 벗님아 건배건배

산 너머 시끌벅적 물 건너 왁자지껄

이 강산 허리띠 풀어 잔치잔치 큰 잔치

오시게 자네 한잔 마시세 나도 한잔

오가는 술잔속에 샘솟는 우리들 정

지화자 좋구나 좋아 어화둥둥 내 사랑

그리고 이소리의 〈환족이 빚은 술방울, 막걸리〉도 빠
질 수 없다.

이 나라 끈질긴 역사를 보아라

쌀이 제 온몸 던져 거듭나는 새 생명

신이 살포시 빚은 뭉게구름 빛 젖을 보아라.

한 모금 마시면 세상 갈증 달아나고

두 모금 세 모금 마시면 밥이 되는

이 신비스런 감로를 보아라

한반도가 가만가만 널 부른다

지구촌이 널 외치며 발 동동 굴린다

이 세상 얼큰하게 쓰다듬는 너, 막걸리

너 없인 못 살아

너 없는 삶은 졸도야

나도 너처럼 이 모진 세상을 날마다 거르고 싶다

막걸리 속에는 우리 한민족의 역사와 문화가 있고 정치와 경제가 있으며, 발효 과학과 장인의 집념이 시대와 함께 무침을 거듭했다. 막걸리는 한 민족의 분신이자 혼이다. 이런 이유로 막걸리를 통해 한국의 문화지도를 읽고, 삶의 지혜를 얻을 수 있을 것이다.

전 한국관광공사 사장이었던 이참은 민족문화의 구성 요소를 기氣, 흥興, 정情이라고 했다. 막걸리는 힘겨운 노동에 활기를 주는 더없이 좋은 충전제이며 마취제였다. 농사를 짓거나 힘든 일을 할 때 막걸리를 마시면 온몸이 뻐적지근하고 목덜미가 풀리면서 꺼진 배가 채워지고 기운도 솟

앞을 것이다. 이렇게 막걸리는 농주農酒이자 노동주勞動酒
였다.

막걸리는 '흥이 있는 술'이라는 찬사를 받으며 한류바
람을 등에 업고 국내외에서 큰 인기를 누렸지만, 최근에는
그 열기가 사그라든 모습이다. 그러나 전통적으로 막걸리
는 우리 민족에게 삶의 활력을 주고 흥을 돋우는 술이었으
며 막걸리를 통해 세상과 소통하고자 하는 정을 나누는 매
개체였음을 잊어서는 안될 것이다.

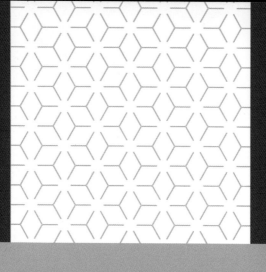

두 번째 사발

막걸리의 현재

건강음료 막걸리

우리는 건강을 생각할 때 자연의 이치에 따르는 것을 중요하게 생각해야 한다. 자연은 상생相生하며 에너지를 주고받는 것으로 모든 것이 조화를 이룬다는 의미다. 그런데 이상한 것은 현대의학이 발달할수록 오히려 우리의 건강이 위기에 처하고 있으며 병들어가고 있고 그 증세는 날로 심해져 가는 세태다. 거의 모든 사람이 몸 어딘가 안 좋은 곳이 있어 검사를 받고 약품을 복용하며 수술과 각종 극단적인 치료를 받는 것을 주저하지 않는다.

증상을 억제하기 위해 무작정 약물을 처방하는 것은

시든 나무의 잎을 녹색 페인트로 칠하는 것과 비슷한 일이다. 일반적으로 의사들은 증상을 신체계통별로 분류해서 관련된 것들끼리 묶으며 대개 수술과 약물치료로 구성된 획일화된 계획에 따라 진행한다. 즉 현대 의학은 환자가 어떤 사람이냐에 관계없이 같은 진단에 대해 같은 치료법을 처방한다. 이것이 옳은 방법이라고는 장담할 수 없다.

우리는 몸의 건강을 위해서 조금 더 특별한 조치를 해야 한다. 오늘날 현대인들을 괴롭히는 건강문제의 대부분은 독소에 의해 손상된 장 기능 저하 때문에 발생한다. 우리를 해치는 가장 흔한 독소는 평소에 섭취하는 음식물에 들어있다. 그래서 장은 이런 독소의 공격을 매일매일 직접 받고 있고 피부와 폐 또한 흡수된 독소로 인해 큰 해를 입는다. 우리 몸의 건강은 내부의 뿌리라고 할 수 있는 장에서 시작된다. 장은 말 그대로 우리 몸의 상태를 좌우하고, 인체의 각 부분이 제대로 기능하도록 도와주는 핵심 기관이다.

건강과 행복은 몸의 여러 기관이 최고의 상태를 유지하면서, 상상 이상의 다양한 방식으로 서로 조화를 이루는

데 달려있다. 장은 우리 몸에서 제2의 뇌라고 불릴 정도로 면역세포가 많고 장의 여러 기관은 상호의존적으로 기능하면서 신경세포와 호르몬을 통해 끊임없이 의사소통 한다. 결국, 장은 인체의 뿌리다.

그러므로 골수세포부터 머리카락과 피부에 이르기까지 인체의 모든 세포에 직간접적으로 영향을 끼친다. 따라서 장에 해악을 끼치는 음식이 무엇인지를 알아내어 식단에서 제외하는 것이 우리가 건강을 위해서 해야 할 가장 기초적인 일이다. 유전으로 생기는 질병은 5% 내외이며, 90%는 자신이 먹는 대로 생기는 질병이다. 건강한 음식을 골라먹으면 병을 충분히 예방할 수 있다는 말이다.

현대인의 식탁에 자주 오르내리는 가공식품의 소비가 가장 심각하다. 그 안에 포함된 식품첨가제를 한국인은 1년에 1인 평균 25kg을 먹는데 미국의 4배, 독일의 8배로 아예 비료를 먹고 있다고 볼 수 있다. 그렇다면 꼭 먹어야 하는 것은 무엇일까? 생식이나 발효한 것이 좋으며 가능하면 불에 댈수록 안 좋다고 하는데 우리의 전통음식인 된장, 김치

그리고 막걸리를 으뜸으로 꼽을 수 있지 않을까. 막걸리는 음식문화의 최고의 결정체로 그 효능은 뒤에서 자세히 다루도록 한다.

다시 강조하지만, 건강은 인체가 자연의 상태와 얼마나 잘 조화를 이루느냐에 따라 만들어진다. 좋은 음식도 너무 많이 먹는 것도 역시 자연과의 조화에서 벗어나는 일이다.

운동도 마찬가지이다. 과격한 운동을 하여 심장이 빨리 뛴다면 그것은 자연의 원리에 벗어나는 것이다. 근육을 만들기 위해 무리한 운동을 하는 것이나 무리한 다이어트도 마찬가지이다. 돌아다니는 피를 기혈이라고 하는데 이것을 원활하게 하는 것이 바로 운동이다. 예를 들어 말이 약하면 마차를 못 끌듯이 기가 약하면 피를 못 데리고 다닌다. 그러면 사람들은 보약을 먹는데 보약은 일시적으로 말에게 힘을 갖게 해주지만 마차의 짐을 훨씬 무겁게 해 나중에는 오히려 말을 더 지치게 만들어 말의 수명을 단축한다는 것을 알 필요가 있다.

운동은 바로 마차의 짐을 덜어버리고 말을 튼튼하게 하는 것. 즉 기혈을 소통시키는 것으로 노폐물을 빼고 기를 넣어주는 것이다. 에너지氣는 코를 통해 호흡으로 들어오는 즉 유산소 운동을 통해 얻어진다. 유산소 운동은 자연과 더불어 사는 순리를 따르는 길이다. 인간은 산소를 흡입하고 이산화탄소를 배출하는데 나무는 반대이다. 서로 조화를 이루는 것이다. 이것도 반드시 심장이 빨리 뛰지 않는 범위 내에서, 조금씩 늘려가는 자세가 필요하다.

효소를 절약하는 것이 건강의 필수조건

우리가 건강을 생각할 때 흔히 범하기 쉬운 오류가 좋은 음식을 지나치게 섭취하는 것이다. 물론 좋은 음식을 골라 몸에 축적되는 독을 적게 만드는 것도 좋지만 적당량의 섭취가 필수적이다. 우리가 건강을 위해서 먹는 것들이 오히려 우리 몸을 힘들게 한다는 것을 알아야 한다. 가장 피해야 할 것은 보조 영양제나 건강식품이다. 현대인이 3끼 먹는 것 자체가 자연의 한계를 훨씬 초과한 과영양 상태인데 거기에 고 영양식을 먹으면 인체에 엄청난 부담을 주어 인체의 유한물질인 효소를 낭비하게 되는 것이다.

최근의 연구결과를 보면 인체의 활동은 효소가 담당하며 먹을수록 효소를 쓰는데 그것을 절약하는 것이 건강의 필수조건이라는 것이다. 효소는 유한하며 나이가 들수록 줄어들지만, 많이 쓰면 더 빨리 고갈되어 수명을 단축한다고 한다. 적게 쓰면 건강한 수명이 늘어나며 효소가 나오지 않으면 신체의 활동이 급격히 위축되어 생명을 다하게 되는 것이다.

효소 중 소화효소와 신진대사 효소의 비율이 3:7 정도가 되어야 정상적인데 오히려 현대인은 거꾸로 7:3 이상의 비율로 너무 많은 음식을 먹어 효소를 낭비하게 되는 것이다. 결국 인간의 활동에 필요한 기초적인 영양소를 초과하는 거의 모든 음식은 다 독을 만들어 낸다고 보면 틀림없다.

여기서 효소의 총량 개념을 이해하고 효율성을 생각

하는 것이 중요하다. 예를 들어 고기를 분해하는 데 효소를 10개 쓴다면 콩은 효소를 3~4개 사용한다. 그래서 고기보다는 콩이 좋다고 하는 것이다. 고기를 먹으면 든든하다고 하지만 고기는 소화가 잘 안 되고 위장 밑에 가서 소화 시작되므로 효소를 낭비하기 때문에 적절하게 먹는 것이 필요하다.

하루 일과에서 인체의 흐름은 크게 3개로 나뉜다. 새벽 4시에서 오전 11시까지는 배출의 시간이며 오전 11시부터 저녁 11시까지는 소화활동의 시간이다. 이때 식사는 저녁 8시 30분 전까지 마치는 것이 좋다.

저녁 11시부터 새벽 4시까지는 신진대사의 시간이며 이때는 먹으면 안 된다. 신진대사가 잘 이루어지지 않기 때문이다. 살이 찌는 것은 먹어서라기보다는 독소에 의해 신진대사가 안 되기 때문이며 운동을 안 하는 것과 날을 새는 것이 건강에 좋지 않은 것도 마찬가지이다. 아침 시간은 배출을 통해 독을 빼내는 시간이므로 아침을 먹으면 몸의 효소를 사용하게 되어 효소가 고생하며 낭비된다.

그런데 생식은 효소를 쓰지 않는다. 따라서 아침은 먹되 생식과 과일 위주로 하는 것이 좋다. 메뉴는 곡물 생식이나 육회, 산야초 효소(산야초는 위험함. 독성을 제거하는 과정이 필요), 과일로 바나나는 기본, 방울토마토, 파인애플, 사과도 좋고 레몬을 짜서 물에 타 먹는 것도 좋다. 소화효소는 오전 11시쯤에 열리며 점심시간에는 가능하면 발효식품 위주의 한식으로 먹어야 한다.

순두부, 미역국, 콩나물 등의 한식으로 하되 메뉴를 자주 바꿔 교대로 하는 것이 좋고 오이와 같은 생식을 포함하는 것도 좋은 방법이다. 저녁은 오히려 본인이 원하는 대로 먹되 단백질이 과하면 안 된다. 단백질은 1주일에 2번 이상 먹지 않는 것이 좋다. 우유를 발효시킨 요구르트는 무난하나 장에서 죽는 유산균은 큰 효과 없기에 차라리 김치나 막걸리가 훨씬 좋다.

신야 히로미 교수의 《병 안 걸리고 사는 법》이라는 책을 보면 완전식품이라는 우유는 '녹슨 지방'에 불과해 몸을 상하게 하고, 항암식품으로 주목받는 녹차까지 삼가는 것이 좋다는 주장을 한다.

그의 건강법의 핵심은 한계가 있는 '미러클 엔자임'을 소모하지 않는 식사법과 생활습관을 가지라는 것이다. 엔자임(효소)이란 생체 내 물질의 합성이나 분해, 수송, 배출, 해독, 에너지 공급 등 생명 유지 활동에 관여하는 단백질성 촉매의 총칭으로 음식을 재료로 해서 세포 내에서 만들어진다.

효소가 존재하면 이 효소가 기질과 결합하여 효소-기질 복합체가 형성되는데, 효소가 존재하지 않을 때 비해 훨씬 손쉽고 빠르게 반응이 일어날 수 있다. 인체 내에는 약 5,000종의 엔자임이 있는데 미러클 엔자임은 마치 어떤 세포로도 자랄 수 있는 줄기세포처럼 어떤 종류의 효소로도 변할 수 있는 원형原型 효소이다.

신야 박사는 사람의 원형 효소는 그 양이 이미 정해져 있으며, 그것을 모두 사용하게 되면 인체의 각종 기능에 이상이 생겨 면역력이 약해져서 병에 걸리고, 수명이 다해 사망하게 된다고 설명한다. 전문가가 아니어서 증명할 수는 없지만, 충분히 설명이 가능한 이야기이다. 따라서 우리는 생활 속에서 제한적으로 가지고 있는 원형 효소를 아껴 쓰는 것은 물론이고 보충하는 생활 습관을 들여야 한다는 것이다.

해독하게 되면 몸이 좋아지는 과정에 명현반응이 오는 경우가 많은데 명현반응이란 평소와는 달리 한꺼번에 많은 독소가 제거되는 과정에서 오는 불쾌한 증상들인데 주로 얼굴이나 피부에 뭐가 난다든지, 몸이 무거워지거나 잠이 쏟아진다든지, 몸에 힘이 빠져 축 처지는 느낌 등인데 이런 것은 자연스러운 현상이니 걱정할 필요가 없다.

또한, 우리가 흔히 독성과 효과를 잘 모르고 먹는 약 중에 가장 대표적인 것이 감기약과 설사약이다. 한국인의 급한 성격을 반영한 특징으로 감기약은 전 세계에서 우리나라에만 있다. 절대 감기 증상을 치료하는 약은 없다. 감기로 인해 생기는 부작용을 일시적으로 완화하는 전부 항생제(순간적인 마취제)일 뿐이다. 중요한 순간이 아니면 먹지 않는 것이 좋다.

겉으로 요란하게 아픈 것은 아무것도 아니다. 며칠 견디면 낳고 그런 과정을 통해 인체는 면역이 높아지고 정상적으로 된다. 감기에는 쌍화탕이 좋다. 감기에는 열감기과 한감기가 있는데 열감기는 편도가 붓고 목이 아픈 증상이 나타나는데 박하차나 레몬차가 좋으며, 한감기는 으슬으슬 추운데 생강차, 레몬차가 좋다고 한다. 설사약도 사실은 없다. 설사란 몸이 살려고 하는 치유의 과정인데 그것을 막는 것은 순리를 역행하는 것이다.

장에 좋은 막걸리

쌀로 만든 우윳빛의 부드러운 막걸리. 착한 술. 한국을 알리고 한국문화를 알리는 매력적인 발효음료로 다시 태어날 수 있다. 낮은 데로 흘러다니는 대중적인 술, 서민적인 술이지만 싸다고 허름한 술은 아니다. 품질을 생각하면 어떻게 그 가격으로 세상에 나올 수 있나 신기할 따름이다. 막걸리로 다이어트가 가능하다. 막걸리에는 요구르트같이 유산균이 있다. 막걸리는 먹으면 대장활동이 왕성해져 변비가 없어지며 노란 변을 보게 된다.

막걸리를 마시면 혈당이 낮아진다. 막걸리를 만드는

누룩으로 얼굴에 팩을 하면 피부가 고와진다. 도대체가 막걸리가 술인지 약인지 건강 보존제인지 가늠하지 못할 소리가 난무했는가? 효모 덩어리 효소가 들어 있으니 당연히 좋을 수밖에. 술은 술이되 몸에 좋은 술이 막걸리다. 그래서 우리는 막걸리를 즐기고 막걸리 마당에 박수를 보낸다. 막걸리의 진정한 인기를 막걸리의 건강한 인자 때문에 생겨난 것이다.

북한의 막걸리병에 이런 글귀가 적혀있다. "대접에 넘쳐나는 막걸리 향기. 한 사발 마셔도 성차지 않아! 단 한 사발만 들이키면 힘과 용기 솟구치니 무병장수, 노래할 때 막걸리 덕분인 줄 우리 잊지 마시라." 어려운 시절에 육체적인 힘과 정신적인 용기를 주고 건강과 노래할 수 있는 흥을 주는 것이 바로 막걸리이다.

그렇다면 막걸리는 우리 건강에 어떤 영향을 끼치는 것일까? 막걸리에 들어있는 성분은 대체로 물이 80%, 알코올 4~6%, 지방 0.1%, 식이섬유 10%이다. 그밖에 탄수화물, 지방, 단백질, 비타민B, C와 유산균, 효모 등이 섞여 있다.

막걸리의 단백질은 1.6~1.9%로 우유 3% 보다는 적지만, 술인 청주 0.5%, 맥주 0.4%, 소주 0%보다는 훨씬 많으며 꼭 필요한 아미노산 즉 7가지 필수아미노산이 질병을 막아내는 면역력 높인다. 효모와 유산균은 살아있다. 생막걸리 100ml에 유산균이 1억~100억마리 유산균을 집중 배양한 요구르트에는 100ml에 유산균이 10억 마리 들어있다.

막걸리는 암·심장질환 고혈압, 당뇨, 항암효과와 혈중지질농도감소, 혈당을 조절하는 데 큰 역할을 하며 막걸리의 미덕은 다른 술에서 발견하기 어려운 영양분과 기능성에 있다. 막걸리는 한 사발에 200ml로 109kcal 열량의 단백질과 식이섬유, 탄수화물, 비타민 성분이 들어있는 든든한 건강음료이다.

'조강지처糟糠之妻'라는 말은 가난하여 술지게미糟나 쌀겨糠 같은 험한 음식을 먹으며 고생을 같이해온 아내를 말하는데 역설적으로 막걸리의 지게미와 밥의 성분을 비교하면 영양성분이 막걸리가 밥보다 훨씬 풍부하다.

그렇다면 막걸리에 들어있는 어떤 물질이 머리를 아프

게 만드는 것일까? 주범은 알코올이다. 막걸리는 알코올 도수가 낮으면서도 사람 몸에 좋은 영양가를 골고루 갖추고 있는 것이 특징이다. 그런데 알코올 도수가 높아지면 막걸리에 들어있는 이러한 좋은 영양덩어리들이 제 역할을 하기 어렵다. 부드럽고 순한 막걸리를 마시는 것이 아니라 독한 소주를 마시는 것과 큰 차이가 없다는 말이다.

막걸리를 마시고 머리가 아프다는 것은 지나치게 높은 알코올 도수 때문이기도 하지만 효모를 죽인 6개월 보관용 살균 막걸리도 한 몫 거들고 있다. 특히 살균처리 된 6개월 보관용 막걸리는 지금도 서너 잔만 마시면 그다음 날 머리가 아픈 것은 물론 깡소주를 밤새 퍼마신 것처럼 속까지 몹시 쓰리다.

왜 그럴까? 우리가 흔히 마시는 생막걸리에는 700~800ml에 700억~800억 개나 되는 유산균이 들어있기 때문이다. 이는 요쿠르트 65ml짜리 100~120병과 맞먹는 양이다. 이러한 유산균이 살아있는 막걸리는 장에서 염증이나 암을 일으키는 나쁜 세균을 죽이고 면역력을 높여

준다.

막걸리에 들어있는 비타민B도 중년 남성들에게 도움이 되는 영양소로 피로완화와 피부재생, 시력을 높이는 효과까지 있다. 이 모든 게 살아있는 술이 바로 생막걸리다. 그런데 유산균이 죽은 살균 막걸리를 마신다면 그게 어찌 우리 몸에 좋겠는가?

오늘 이 자리를 빌려 우리나라 곳곳에서 지금도 막걸리를 즐기고 있는 막걸리 애호가들에게 한마디 툭 던진다. 유통기한 6개월짜리 막걸리는 효모가 죽은 시체 술이어서 우리들 건강에 하나도 도움이 되지 않고, 자칫 해만 끼칠 수 있으니 절대 마시지 말라고.

소화 안 될 땐 막걸리 한 잔이 특효약

"외할머니! 밥을 너무 급하게 많이 먹어서 그런지 배가 살살 아파예."

"배가 아무리 고파도 밥을 천천히 적당히 먹어야제. 아까 욕심부릴 때 알아봤다 아이가. 조금만 기다리거라. 내 퍼뜩 가서 막걸리 반 주전자 사오꺼마."

"배가 아픈 데 막걸리는 와예?"

"소화가 잘 안 되고 배가 아플 때는 막걸리 한잔이 특효약 아이가!"

"그러다 술에 취하면 우짤라꼬예?"

"배 아픈 것보다야 조금 취하는 게 더 낫지."

1960년대 끝자락. 초등학교 4학년 때였던가. 오랜만에 외할머니댁에 가서 쌀이 반쯤 섞인 보리밥을 정말 맛있게 먹었다. 그런데 너무 급하게 많이 먹어 소화되지 않았는지 아랫배가 살살 아파지기 시작했다. 그때는 요즈음처럼 약국이 별로 없었다. 약국이 있다 한들 워낙 가난한 때에서 약을 사 먹을 돈도 없었다. 그때 외할머니께서 소화제라며 마시게 한 술이 막걸리였고, 그 막걸리를 한 잔 마시고 나자 신기하게도 소화가 잘되고 배 아픈 것도 씻은 듯이 사라졌었다.

실제로 비타민 B, C는 혈액 순환을 돕고 서로 재생을 촉진해서 피부미용에 효과적이다. 열량이 그리 높지 않으며 식이섬유 다량함유 다이어트 식품으로 손색없다. 열량은 100ml당 46kcal로 맥주주순(37kcal) 포도주(70~74kcal) 소주(141kcal) 위스키(210kcal) 막걸리가 칼로리가 훨씬 낮다.

식이섬유의 경우 일반식이 음료보다 100~1,000배 이상 함유하며 변비 예방 및 심혈관질환 예방 효과, 고혈압 예방, 면역력 강화, 갱년기 장애 개선 등에 효과가 있는 성분으로서 가라앉는 부분에 많이 들어있어서 마시기 전에 잘 흔들어 마시는 것이 좋다.

	100ml당 열량 kcal	알코올 도수
막걸리	46	6
맥주	37	4.5
적포도주	70	12
진토닉	77	7.1
청주	107	16
도주	141	25
위스키	250	43

우리나라 발효 술 막걸리는 술이면서도 건강식품이다. 막걸리는 채로 거르기 때문에 채 삭지 않은 원료성분과 발효과정에서 생기는 효모균이 듬뿍 들어있다. 이 삭지 않은 원료성분과 효모균 속에는 인체 조직 합성을 돕는 라이신과 간 질환을 막는 메싸이오닌이라는 물질이 들어있어 소화뿐만 아니라 배변 및 배뇨까지 도와준다.

막걸리 빚는 법은 우리나라보다 외국에서 더 고개를 크게 끄덕이고 있다. 막걸리는 맥주와는 다르게 전분 분해와 발효가 함께 이루어진다. 이 때문에 곡류를 원료로 하는 우리나라 막걸리 빚는 법을 "병행복발효"라 부른다. 1970년대 미국에서 최첨단 신기술로 만든 술 빚는 법이 개발되었다고 크게 떠들던 때가 있었다.

미국에서는 이 술 빚는 법을 "동시당화발효법"이라고 이름 붙였다. 그런데 참으로 우스운 것은 그 술 빚는 법이 우리의 막걸리 빚는 법과 똑같았다는 점이다. 우리나라에서 아주 오랜 옛날부터 전통적으로 내려온 막걸리 빚는 법이 외국인들에게는 최첨단 신기술로 여겨졌던 셈이다.

막걸리는 발효 술이기 때문에 성인병도 막아준다. 성인병은 우리 몸에 노폐물과 불순물이 쌓여 피가 잘 돌지 못하고 몸이 차가워져 생기는 병이다. 막걸리에 들어있는 효모는 우리 몸속에 쌓인 차가운 불순물을 빨아들여 피가 잘 돌게 하고 피를 뜨겁게 만든다. 여기에 우리 몸속에 있는 중금속까지 사라지게 하니, 막걸리를 "불로초"라 불러도 트집잡는 사람이 없지 않겠는가?

막걸리에는 유산균이 듬뿍 들어있어 유방암이나 간암, 대장암, 피부암 등을 일으키는 나쁜 세균을 죽이고, 면역력을 높인다. 막걸리는 다른 음료에 비해 식이섬유도 100~1000배 이상 많이 들어 있다. 이 식이섬유는 대장운동을 도와 변비를 막는 것은 물론 심혈관질환 예방에도 효과가 있다.

막걸리에 들어 있는 효모는 사람들의 생명을 지켜주는 여러 가지 효소를 지니고 있는 것뿐만 아니라 비타민B 복합체, 단백질, 무기질 등이 듬뿍 들어있다. 미국 하우저 박사는 《젊어 보이며 장수하는 법》이란 책에서 "효모에 들어

있는 아미노산과 비타민, 무기질 등은 젊음을 유지하고 장수하기 위해 필수” 라고 적어놓고 있다.

그뿐이 아니다. 막걸리에는 유산균이 듬뿍 들어 있어 유방암이나 간암, 대장암, 피부암 등을 일으키는 세균을 죽이고, 면역력을 드높인다. 실제로 막걸리를 암세포에 넣은 결과 암세포가 성장을 억제하는 효과가 있다는 연구결과도 나왔다.

요즈음 나오는 막걸리는 특히 숙취를 일으키는 카바이트 사용을 금지했고, 25도 이하 온도에서 발효시키기 때문에 숙취가 거의 없다. 여기에 낮은 온도에서 천천히 발효시키기 때문에 탄산가스가 적게 생겨 트림도 잘 나오지 않는다. 하루에 1~2잔 마시는 술은 혈관에 “보약”이라고 했다.

막걸리는 발효식품이어서 심혈관질환을 예방하는 효과가 있으며, 중성지방과 콜레스테롤 수치도 끌어 내린다. 막걸리 바닥에 깔린 술 찌꺼기에는 고혈압 치료제와 비슷한 혈압을 낮추는 펩타이드가 들어있으며, 소화가 잘 안 되거나 손발이 찬 소음인에게도 아주 좋다.

칼럼니스트 이규태는 "막걸리는 오덕이 있다"고 했다. 사람을 알아보지 못할 만큼 취하지 않는 것은 일덕이요, 중참 때 마시면 배가 부른 것이 이덕이다. 삼덕은 힘이 빠졌을 때 힘을 북돋워 주는 것이요, 사덕은 안 되던 일도 마시고 넌지시 웃으면 되는 것이다. 오덕은 더불어 마시면 응어리가 풀리는 것이다.

어떤 이는 여기에 두 가지를 더해 칠덕이라 하기도 한다. 백약지장인 막걸리 효능이 더해지면 육덕이요, 쌀을 소비시켜 농사꾼들이 좋아하니 칠덕이라는 것이다. 환족이 빚은 신비스런 술방울 막걸리. 이제 우리나라 특산품 막걸리를 마시며 우리 몸에 있는 나쁜 균을 모두 몰아내고, 건강하고도 아름다운 삶을 사랑하는 사람과 더불어 오래오래 누려야할 때이다.

피부미용, 혈액순환 돕는 막걸리

21세기 들어 "웰빙술"로 지구촌 곳곳에서 인기를 한 몸에 누리고 있는 막걸리. 막걸리는 값도 싸고 건강에도 아주 좋아 노인뿐만 아니라 여성 세대들까지도 즐겨 찾는 지구촌에서 으뜸가는 약주다. 막걸리는 피부미용에도 아주 좋다. 막걸리에 들어있는 단백질과 비타민B 복합체가 피부색과 근육건강을 지켜 새 살을 뽀송뽀송 돋게 하기 때문이다.

여기에 4~6도인 알코올성분은 혈액순환과 신진대사를 활발하게 하여 우리 몸 안에 쌓여있는 피로물질을 사라지게 한다. 막걸리를 즐겨 마시는 사람들 피부색이 밝고 빛이 반짝반짝 나는 것도 이 때문이다. 막걸리는 피부마사지에도 좋다. 고려왕실에서는 마시다 남은 막걸리 "이화주"로 마사지를 했다. 이화주에 들어있는 비타민은 체중유지와 몸에 지방이 쌓이는 것을 막아주기 때문이다.

막걸리는 혈액도 잘 돌게 한다. 막걸리에 들어있는 낮은 알코올이 피부세포를 도와 트러블을 막고 노폐물을 사라지게 해 영양공급이 잘되도록 돕기 때문이다. 거울피부과 성형외과 신문석 원장은 한 신문과 인터뷰를 하면서 "막걸리는 식이 섬유 덩어리라고 해도 지나치지 않다"며 "막걸리 성분 중에서 물(80%) 다음으로 많은 것이 식이섬유(10%안팎)이다. 막걸리 한 사발에는 같은 양을 두고 식이음료에 비해 100~1000배 이상 많은 식이섬유가 들어있다. 식이섬유는 대장운동을 활발하게 해 변비를 예방하는 것은 물론 심혈관 질환 예방 효과도 있다"고 못 박았다.

막걸리 먹으며 새 천년을 사는 나무들

막걸리를 먹으며 사는 나무는 우리나라 곳곳이 제법 있다. 몇 백년 된 은행나무나 향나무 등도 더러 있지만 가장 많이 알려진 나무는 소나무다. 경북 김천시 감천면에 가면 880평이나 되는 그늘을 가진 소나무가 있다. 이 소나무는 일 년에 한 번씩 막걸리를 마신다. 경북 청도군 운문면 운문사 사찰 안에는 막걸리 소나무가 있다. 이 소나무는 큰 행사가 열릴 때마다 일 년에 네 말이나 되는 막걸리를 마신다.

경북 청도군 금천면에 가면 처진 소나무가 있다. 동천천 강가에 서 있는 이 처진 소나무는 막걸리를 하도 많이 먹어서 그런지 마치 나무가 아리랑 춤을 추듯 축 처져 있다. 충남 태안군 태안읍 백화산 천을 봉 기슭 흥주사에 가면 막걸리를 마시는 은행나무가 있다.

이 은행나무는 둘레 8.4m, 높이 22m로 지난 1982년 보호수(충남도 지정 기념물 제156호)로 지정되어 있다. 경북 포항시 영일 민속박물관 안에 있는 수령 600여 년 된 회화나무도 해마다 5월이 오면 막걸리를 마신다. 이 회화나무는 지난 1982년 10월 경상북도 보호수로 지정되어 있다. 막걸리 먹는 나무는 이 밖에도 우리나라 곳곳에 수없이 많이 있다. 근데 왜 나이를 많이 먹은 나무에 막걸리를 뿌려주는 것일까. 우리 몸에 좋은 건강 술 막걸리가 대체 어떤 영향을 끼치는 것일까.

《수목생리학》이란 책을 보면 "소나무는 비료 성분 외

에 균근균(흙에 들어있는 좋은 미생물)이라는 미생물이 나무뿌리에 있어야 생리활성작용에 강해져서 왕성하게 자란다"고 적혀 있다. KBS 다큐멘터리 비디오를 보면 "나무의 수령이 긴 나무들의 공통점은 속이 비어(썩어), 그 속에 수많은 밝혀지지 않은 미생물들이 있어 나무의 수령을 돕는다"라고 나온다. 나무들이 천 년을 산다고 하는 것도 이 미생물 때문이라는 것이다.

나이를 많이 먹은 나무에 막걸리를 주는 까닭도 여기에 있다. 막걸리를 주는 나무는 대부분 수령이 많아 기력을 잃어가는 나무들이다. 막걸리는 발효식품이기 때문에 수많은 미생물이 살아 꿈틀거리고 있다. 그 가운데 막걸리에 들어있는 일부 미생물이 나무뿌리에 들어가 나무에 활력을 줘 더 오래 살게 한다.

이는 소나무뿐이 아니라 수령이 오래된 모든 나무에 해당한다. 21세기 들어 지구촌을 누비고 있는 막걸리. 막걸리는 이처럼 지구촌에서 살아가는 사람들 건강만 지켜주는 것뿐만 아니라 수령이 많은 나무 건강까지 지켜주는 "보약

중 으뜸가는 보약"이다.

한국식품연구원 영양식이 연구단 황진택 박사팀은 쌀을 주원료로 제조하는 막걸리가 위암 세포의 성장을 억제하는 데 효과가 있다는 사실을 입증했다고 밝혔다. 황진택 박사팀이 수분과 알코올을 제거한 막걸리를 인체유래 위암 세포에 처리했을 때 암세포의 증식이 억제되고 종양 억제 유전자인 PTEN의 발현이 증가했다. 또 인체유래 위암 세포를 이식한 쥐에 막걸리를 경구 투여한 동물 실험 결과에 따르면, 종양의 성장이 억제되는 것으로 확인됐다.

이는 막걸리의 주요 성분이며 주로 쌀에 많이 들어 있는 '베타 시토스테롤' 암 예방에 직접적인 영향을 미치기 때문이다. 막걸리에 함유된 베타 시토스테롤은 식물이나 쌀겨, 콩류, 배추 등에도 풍부하며, 항암효과뿐 아니라 전립선 건강이나 전립선 비대증의 치료, 면역력 증진, 혈중 콜레스테롤 양 저하 등에도 효능이 있는 것으로 알려졌다.

이미 기존에도 막걸리에 풍부한 식이섬유와 단백질 성분이 항암 효과가 있다는 실험 결과가 있었다. 2008년 한국식품영양과학회의 발표 논문에 따르면, 연구팀이 농축시킨 막걸리를 유방암과 간암, 대장암, 피부암 세포에 주입한 결과 암세포의 성장이 억제되는 효과가 있었다.

술을 마시면 일시적인 스트레스 해소에는 도움이 되나 알코올 도수가 높은 술을 지속해서 과음하게 되면 지방간이 되기 쉽고 간 경화증에 걸릴 위험이 많으며, 때로는 위벽을 상하게 하여 궤양이 되기도 한다. 알코올 도수가 6~7% 정도의 막걸리는 적당량 마시면 신진대사를 원활히 해주면 피로 해소에 좋다.

앞에서 언급한 바와 같이 막걸리에는 일반 주류와는 달리 상당량의 단백질과 당질이 들어 있고 여러 가지 비타민과 유기산, 유산균 등 생리활성물질들이 많아 영양상으로 가치가 높다. 특히 생효모가 살아 있는 생막걸리는 여러 가지 영양물질과 더불어 특이한 맛과 향을 가지고 있다. 그러나 막걸리도 술이기 때문에 과음해서는 안 되며, 다음에 제시하는 막걸리의 여러 효능은 적당량을 마셨을 때의 효능임을 기억하기 바란다.

피로 완화에 좋은 막걸리

　막걸리에 함유된 성분 중 피로 완화를 돕는 물질은 주로 적당량의 알코올과 유기산이며, 아미노산인 메싸이오닌과 알라닌 그리고 비타민으로는 비타민 B1, B2, B6등이 있다.

　첫 번째, 알코올Ethyl alcohol. 적당량의 알코올은 인체의 신진대사를 원활히 하여 혈액순환을 돕고 신체활동력을 증가시킨다. 막걸리에 들어 있는 6~7%의 알코올은 각종 소화액분비를 촉진하여 위장의 소화와 섭취능력을 향상하므로 소화제 역할을 하기도 한다.

두 번째, 유기산Organic acid. 우리 몸은 피로물질이 쌓이면 피부가 거칠어지고 기미와 주근깨 등이 쉽게 생성된다. 이러한 피로물질 제거에 도움을 주는 것이 주로 유기산들이다. 막걸리의 유기산 중에는 유산Lactic acid이 제일 많고, 주석산Tartaric acid과 구연산Citric acid, 사과산 Malic acid, 호박산Succinic acid 및 피루브산Pyruvic acid 등이 포함되어 있다. 이 유기산들은 포도당 신생 합성과정에 참여하여 포도당 생성을 도와 에너지를 발생시키고, 우리 몸에 피로물질이 쌓이지 않게 하며, 혈액 순환과 신진대사를 왕성하게 하는 역할을 한다.

세 번째, 아미노산Amino acid 메싸이오닌Methionine. 막걸리에는 간에 쌓이는 과잉의 지방 축적을 억제하고 해독 작용을 하며, 기능 활성을 돕는 메싸이오닌이 들어있다. 이 필수아미노산은 강력한 항산화제로 노화도 방지한다.

네 번째, 알라닌Alanine. 간을 보호하는 물질은 주로 동물성 전분인 글리코겐이 담당하고 있다. 그러나 피로와 스트레스가 누적되면 양이 부족하여 간을 충분히 보호하지 못한다. 막걸리에 들어 있는 알라닌은 일반적으로 알라닌 회로를 통하여 즉시 글리코겐으로 전환됨으로써 간 기능 회복에 도움을 주기도 한다.

　다섯 번째, 비타민Vitamin에는 먼저 비타민 B1이 있다. 주로 쌀눈이나 돼지고기 및 막걸리에 포함된 비타민 B1은 당질 대사에 관여하는 조효소의 성분이다. 적은 양으로 체내에서 아주 중요한 역할을 하며, 정신적 스트레스를 완화해 준다. 그래서 이유 없이 우울한 기분이 느껴지거나 식욕이 부진할 때에는 비타민 B1의 섭취가 도움이 된다. 비타민 B1은 몸속의 산소 흐름을 원활하게 하므로 정신적, 육체적 피로 완화에도 도움이 된다.

　그리고 비타민 B2는 체내 대사 과정에서 일어나는 산화-환원 반응의 중요한 조효소로 작용하는 비타민B2는 비타민C와 마찬가지로 활성산소를 제거하며, 지방산의 산화에도 관여한다. 또 지방을 에너지로 바꾸거나 간의 해독 작용을 돕고 간의 활력을 증진하는 작용을 한다.

　또 비타민 B6Pyridoxine는 체내에서 여러 가지 효소의 활성을 돕는다. 신경전달물질의 합성에 관여하여 불안감과 우울증을 감소시켜 주며, 정신적 스트레스를 완화해 준다. 중추 신경계를 활성화하고 뇌에서 근육까지 연결되는 통로를 자극하여 근육의 피로를 푸는 데에도 매우 효과적이다.

막걸리의 피부 재생과 미백 효과

피부가 촉촉하고 부드러운 상태를 유지하기 위해서는 피부 표피에 항상 적절한 양의 수분이 있어야 한다. 피부에 탄력을 주는 효소를 활성화 시키는 것은 주로 아미노산이다. 막걸리에 함유된 아미노산 중 라이신과 메싸이오닌, 그리고 히스티딘은 피부 표피에 탄력을 주며, 또 비타민B2와 B6는 피부 재생과 미백을 돕는다.

먼저 아미노산Amino acid. 막걸리에 적당량 들어 있는 라이신Lysine은 인체에 성장과 뼈의 발달을 돕는 필수아미노산이며, 상처 회복과 콜라겐 대사에 관여한다. 흔히 콜라겐

대사가 부진해지면 주름이 생기고 피부도 노화되기 쉬운데, 라이신은 피부의 조직 형성과 복구에 도움을 주고 피부 탄력과 재생을 도와준다.

메싸이오닌Methionine은 간 기능의 활성화를 도와 기미, 주근깨 등 피부의 흑점 생성을 억제한다. 또 모낭과 머리카락의 성장을 증진해 주기도 한다. 간 기능 활성화로 피부의 착색과 노화를 방지함으로서 여성의 피부미용에도 큰 도움을 준다.

유아 성장에 필요한 필수아미노산의 하나인 히스티딘 Histidine은 막걸리의 구성 아미노산으로서 몸의 균형을 조절하고 피부에 영양을 공급하여 탄력성을 증가시킨다. 또한, 청각신경 세포 형성에도 관여하는 아미노산이다.

그리고 비타민Vitamin. 먼저 비타민 B2Riboflavin는 체내 산화-환원의 필수적인 조효소로서 에너지 대사 과정에서 중요한 역할을 한다. 또한, 성장 및 조직의 보수에 필요한 비타민으로 세포활동을 위한 에너지 조달에도 중요한 역할을 한다. 손상된 피부 회복에 비타민C와 같은 치료 효과를 보인다.

비타민 B6Pyridoxine는 아미노산의 신진대사를 돕고, 항 피부염 작용을 하는 비타민으로, 알레르기나 아토피 등의 피부염 예방에 중요한 비타민이다. 성장기에 있어서 대단히 중요한 성분이며 부족할 경우 탈모, 부종 및 신경장애로 인한 과잉행동증이 올 수 있다. 공해 물질에 노출된 피부를 보호하며, 몸속 노폐물을 제거하고, 피부의 피로를 줄이는 역할도 한다.

멜라닌은 단백질의 일종으로 자외선을 흡수함으로써, 자외선이 피부 깊숙이 침투되는 것을 차단한다. 그러니 멜라닌이 과잉 생성되면 기미, 주근깨 등의 색소침착과 피부 흑화 현상 및 노화의 원인물질이 된다. 필자는 막걸리 농축액이 멜라닌 생성 효소의 활성을 억제하는 효과, 즉 미백효과가 있는지 실험을 해 보았다.

미백제로 알려진 kojic acid(코직산)을 대조군으로 하여 막걸리 분획 층에 가한 결과, 막걸리의 메탄올 분획 층이 멜라닌 생성 효소의 활성을 저해하는 효과가 좋았으며, 일정 농도에서는 대조군보다 약 3/5 정도의 미백효과가 나타났다. 현재 개방 중인 기능성을 첨가한 막걸리의 경우 미백효과가 매우 좋았으며 이에 따른 세분화된 연구는 계속 진행 중이다.

막걸리의 여러 분획 층 중에서 메탄올 분획 층이 멜라닌을 형성시키는 효소의 활성을 억제하는 효과가 있음을 실험을 통해 확인할 수 있었다. 이 같은 결과는 옛날 부녀자들이 막걸리를 거르고 난 후 그 술지게미를 얼굴에 발라 미용에 이용하였다는 이야기를 뒷받침하는 자료가 될 수 있다.

막걸리의 시력 증진 효과

막걸리에 함유된 성분 중 시력의 개선을 돕는 물질은 주로 필수아미노산인 페닐알라닌과 비타민B2 등이다.

먼저 아미노산Amino acid. 페닐알라닌은 신경화학 물질

생성에 중요한 역할을 하는 필수아미노산으로, 신경세포와 뇌 사이에서 신호를 전달하는 화학물질인 노르에피네프린의 생성을 도와 기분을 개선하고 통증을 완화해 준다. 막걸리에는 이 아미노산이 적당량 함유되어 있으며 카페인과 유사하게 두뇌를 자극하며 특히 기억력과 시력 개선을 돕는다고 알려져 있다.

그리고 비타민Vitamin 비타민B2Riboflavin. 체내에서 보조 효소로 작용하며 비타민C처럼 산화를 억제한다. 또 콜레스테롤과 같은 지질을 분해하여 성인병을 예방한다. 비타민B2 결핍 시에는 입술과 혀가 붓고, 입술 양 끝에 버짐과 균열 등이 자주 일어난다. 이 비타민이 부족하면 시력도 감퇴한다.

막걸리의 간 기능 개선 효과

현대인의 간은 피할 수 없는 스트레스와 음주 등으로

혹사당하고 있다. 간은 한번 나빠지면 회복이 어려우므로 인체의 간 보호 및 간 기능 개선은 무엇보다 중요하다. 아미노산은 간 보호에 가장 필요한 영양소로서, 간을 보호하고 재생을 도와 그 기능을 개선한다. 일반적으로 간의 독성지표로는 Alkaline-phosphatase(ALP), Aapartate-aminotransferase(AST)를 사용하는데, 이 효소들은 간과 심장에 고농도로 존재하면서 장기 손상 등에 아주 예민하게 반응하므로 간염, 간 경변 등의 지표로 널리 이용된다.

혈청 중 ALP는 간의 담도질환에 관여하며 골 형성의 지표가 되는 효소로서, 주로 간염, 약물성 간 장해, 간 경변, 황달, 골 질환, 간암의 경우 그 활성이 증가한다. 또 혈청 중 ALP와 AST의 경우도 주로 간, 심장, 근육 등에서 존재하며, 간이 손상될 경우 이 효소들이 혈액으로 많이 방출되어 그 활성도는 증가하게 된다.

막걸리의 간 기능 개선에 관한 실험에 의하면 일정량의 막걸리 투여가 수컷 흰 쥐의 간 기능 개선 효과에 미치는 영향을 살펴본 실험의 결과는 다음과 같다. 실험동물로 사용한 흰 쥐는 1주일간 같은 식사를 주어 적응시킨 후, 체중에 따라 5~6마리씩 대조군과 막걸리 투여군으로 각각 나누어 6주간 실험하였다.

이때 막걸리는 2일마다 1회 복강주사 후에는 각 군마다 채혈하여 혈청을 분리하고, 각 혈청 효소 ALP, AST와 AST의 농도를 측정하였다. 실험 결과, 일정량의 막걸리 투여가 흰 쥐의 혈청 중 ALP, AST 및 AST의 각 효소 활성을 감소시켰으며, 막걸리의 농도가 증가함에 따라 이 효소들의 활성은 더욱 저하되었다.

간의 손상 정도를 알려는 방법으로는 일반적으로 혈액을 채취한 후 혈청을 분리하고, 이 효소들의 수치를 재어 간기능을 검사한다. 간 기능개선에 효과가 있는 경우에는 혈청 중이 효소들의 수치가 저하하게 된다.

일반적으로 간염, 간 장애 및 간 경변 증세가 있을 때는 혈중 ALP, ALT 및 AST 효소들의 수치가 증가하게 되나, 본 연구 결과 수컷 흰 쥐에 막걸리 일정량을 일정 기간 투여하면 이 효소들의 수치가 농도에 따라 비례적으로 감소하였음 알 수 있었다. 이처럼 본 연구를 통하여 일정량의 막걸리 투여가 흰쥐의 간 기능 개선에 효과가 있음을 확인할 수 있었다.

막걸리의 콜레스테롤 저하 효과

현대인에게 급증하는 질병 중 하나는 지방 섭취증가로 인한 혈관의 질환들이다. 특히 혈관 속의 콜레스테롤은 체내 호르몬과 지질의 소화·흡수에 필요한 담즙산을 형성하며, 인지질과 함께 세포막의 구성 성분으로서 매우 중요한 역할을 하고 있다. 하지만 콜레스테롤의 농도가 일정 수준 이상 높아지면 고혈압 등 성인병의 주요 원인이 된다.

혈중 존재하는 두 가지 콜레스테롤은 저밀도 저단백인 LDL-콜레스테롤과 고밀도 저단백인 HDL-콜레스테롤이다. 이 두 물질은 체내에서 서로 다른 작용을 한다. 이론적으로 보통 나쁜 콜레스테롤이라고 불리는 LDL-콜레스테롤은 포화지방산이 많은 기름진 동물성 식사를 자주 하는 경우 그 수치가 높아지고, 혈관에 침착함으로써 말초혈관 벽에 프라그를 형성하여 동맥경화증 등 관상동맥질환을 유발한다. 즉 LDL-콜레스테롤은 심혈관계 질환의 위험인자이다.

반면 좋은 콜레스테롤이라고 불리는 HDL-콜레스테롤은 말초 혈관에 쌓인 콜레스테롤을 간으로 운반 처리하는 청소부 역할을 하므로 동맥경화증의 위험을 저하하거나 억제하는 역할을 한다. 신라대학교 막걸리 세계화 연구소에서는 암컷 장애로 인한 난소의 기능부전이나 난소 절제 시 생기는 여성호르몬인 에스트로겐 분비가 막걸리 투여때문에 영향을 받는 지를 연구하였다.

이 결과 난소를 절제한 흰 쥐는 지방 대사가 원활히 이루어지지 않아 지방의 축적 등 대사의 불균형이 초래되었다. 또한, 난소가 절제된 흰 쥐를 대조군으로 하여 막걸리 분획물 일정량을 농도별로 투여하였을 때 혈청 중 중성지방, 총콜레스테롤 및 HDL-콜레스테롤 등 지질함량에는 다음과 같은 변화가 있었다.

　이 실험 결과에서 막걸리 투여가 갱년기 장애로 인한 흰 쥐의 지질대사 불균형을 조정하여 총콜레스테롤 대사를 저하시키고, 혈청 중 지질함량을 정상적으로 유도하는 데 매우 유익한 영향을 준 것을 확인할 수 있었다. 또 좋은 콜레스테롤인 HDL-콜레스테롤은 유의성 있게 증가함을 확인하였다.

　막걸리의 콜레스테롤 저하 효과 실험에 따라 난소를 절제한 암컷 흰 쥐의 혈청 중 중성지방양을 대조군으로 하고 일정 기간 막걸리 농축액을 투여한 후 중성지방량을 측정해 보았다. 그 결과 대조군에 비하여 막걸리 투여군의 중성 지방 양은 약 10%정도 감소되었으며, 혈청 중 총 콜레스테롤양은 막걸리 투여 후가 대조군보다 약 5% 정도 감소되었다. 또 좋은 콜레스테롤인 HDL-콜레스테롤의 경우 막걸리 투여 후에 대조군의 경우보다 약 37%의 증가를 했다. 즉, 심혈관계 질병의 원인 중 하나인 중성지방과 총콜레스테롤의 양은 흰 쥐에 막걸리를 투여한 후 감소하였고, 좋은 콜레스테롤인 HDL-콜레스테롤의 양은 막걸리 투여 후 유의성 있게 매우 증가하였다. 본 연구 RUFE와 막걸리 투여가 혈중 지질개선 효과가 있음이 확인되었다.

혈류 개선에 좋은 막걸리

혈액은 신체의 각 조직으로 산소와 영양분을 공급하고 노폐물을 제거해 주며 우리 몸에 필요한 호르몬을 운반하고 적당한 체온을 유지해 신체 내의 항상성을 조절하는 역할을 한다. 따라서 혈액의 원활한 흐름은 건강을 유지하는 데 매우 중요하며, 채소, 생선, 식물성 지방, 과일 등의 섭취를 높여 균형 잡힌 식생활을 이루면 혈류개선 효과를 기대할 수 있다.

신라대학교 막걸리 세계화연구소에서는 막걸리 농축액의 투여가 흰쥐의 혈류 개선 효과에 미치는 영향을 혈류 통과속도와 혈소판 응집 억제 효과로 나누어 실험하였다. 그 결과는 다음과 같다.

막걸리가 흰 쥐의 혈류 통과 속도에 미치는 영향

이 연구에서 난소를 절제한 암컷 흰쥐에 막걸리 농축액을 일정량 투여함으로써 흰 쥐의 혈류통과 속도가 난소 절제 군(대조군)보다 빠르다는 것을 알 수 있었다. 혈관에 지방이 침착되면 피의 흐름이 느려지고 심하면 관상동맥질환의 원인으로 발전한다. 따라서 본 연구 결과 적당량의 막걸리 음용은 혈류 통과 속도를 빠르게 하므로 혈류 개선에 좋은 효과를 줄 것으로 추정할 수 있다.

막걸리 농축액이 암컷 흰 쥐의 혈류의 흐름에 미치는 영향을 알아보기 위하여 난소 비 절제군, 난소 절제군, 막걸리 농축액 투여군 그리고 막걸리 지게미 투여군 등의 네 개 군으로 나누고, 일정 기간 사육 후 시간에 따른 혈류 속도를 측정하여 보았다. 난소 절제 군은 난소 절제로 인한 지질 합성의 증가로 막걸리 농축액 투여군 보다는 혈류통과 속도가 느렸으며, 이에 비해 막걸리 농축액 투여군은 혈류 통과 속도가 상대적으로 빠른 편이었다. 또 부산물인 막걸리 지게미 투여군은 막걸리 농축액 투여군 보다는 혈류 통과 속도가 조금 느렸으나, 대조군인 난소 절제군 보다는 빠른 편이었다.

이 연구 결과로 적당량의 막걸리 음용이 혈류의 흐름을 원활히 해주므로 혈류 통과 속도가 빨라져 효과적인 혈류 개선 효과를 기대할 수 있다는 것을 확인하였다.

막걸리의 혈소판 응집 억제 효과

혈소판은 혈액의 응고나 지혈 작용에 관여하는 혈액의 한 성분으로, 혈관 속에서는 비활성형으로 흐르다가 외상이나 감염 등 자극 때문에 활성화되어 치유하는 아주 중요한 기능을 가진 물질이다. 그러나 혈관에 침착된 콜레스테롤이나 혈소판의 과잉 응집 등으로 혈소판이 서로 달라붙게 되면 혈류의 흐름이 고르지 못하게 되고, 때로는 혈관이 막혀 조직에 산소나 영양 공급에 지장을 초래하여 관상동맥질환이 유발될 수 있다.

막걸리의 혈소판 응집 효과를 알아본 연구는 암컷 흰 쥐의 난소를 절제하여 대조군으로 하고 막걸리 농축액 투여군을 실험군으로 하여 일정 기간 사육한 후, 흰 쥐의 혈소판 응집에 미치는 막걸리 농축액의 영향을 검토한 것이다. 암컷 흰 쥐는 군별로 일정 시간 사육한 후 각각 채혈하고, 혈소판을 분리하여 혈소판 응집을 유도하였다.

그 결과 난소를 절제한 대조군은 난소 비절제군과 비교하였을 때 혈소판 응집률이 10% 증가하였다. 이 같은 결과를 보면, 난소를 절제함으로써 응집 유도 효과가 더욱 촉진된 것으로 생각된다.

또 막걸리 농축액 투여군의 경우 대조군보다 혈소판 응집률이 약 11% 정도 감소하는 경향을 나타내었다. 본 실험은 동물실험에 의한 결과이지만, 이 결과로 적당량의 막걸리 섭취가 인간의 관상동맥질환의 원인이 되는 혈소판 응집을 저해하여 혈액의 흐름을 원활히 해주고, 심혈관계 질환에 유효한 효과를 유발한다는 것을 추정할 수 있다.

막걸리의 활성산소 제거 효과(항산화 효과)

사람은 평생 음식을 먹어야 하며, 세포는 이를 이용해 에너지를 만든다. 이 과정에서 부산물로 생긴 활성산소는 우리 몸의 유전자를 손상해 노화를 일으키고, 조직을 손상해 신체의 균형을 깨뜨리며 암과 당뇨 등 질병의 원인이 된다. 그러므로 우리 몸은 활성산소 발생을 예방하기 위해 항산화 효과를 가진 비타민C와 E등이 부족하지 않도록 항상 식생활을 관리해야 한다.

또 체세포에서 활성산소가 발생하지 않도록 주위환경을 개선하여야 하며, 스트레스, 환경 호르몬 등 활성산소 생성인자를 미리 제거함으로써 심장질환, 고혈압, 암 및 갱년기 장애로 오는 여러 질병을 예방해야 한다. 무엇보다 규칙적인 운동, 금연, 균형 잡힌 식사 등을 통하여 활성산소를 생기지 않도록 하는 생활 습관이 중요하다.

필자는 막걸리 농축액의 항산화 효과를 ROS 활성산소 제거 효과로 측정해 본 결과 다음과 같은 결과를 얻었다. SIK-1 처리때문에 활성산소를 생성시키고 막걸리 농축액과 분획 층을 시료로 사용하여 대조군과 비교해 본 결과, 다음 그래프에서와 같이 막걸리 메탄올 분획 층의 경우 농도 증가에 따른 활성산소 제거 효과가 제일 컸고, 막걸리 농축액과 핵산 층의 활성산소 제거 효과가 그다음이었으며 경향은 서로 비슷하였다.

막걸리의 고혈압 유발 저해 효과(ACE 저해 활성 효과)

현대인이 가진 성인병 중 하나로 고혈압을 들 수 있다.

현대의 고혈압은 보통 특별한 질병의 징후 없이 나타나는 본태성 고혈압이 그 주종을 이루고 있다. 이 경우 혈압 조절에는 주로 레닌-안지오텐신 계가 아주 중요한 역할을 하는 것으로 알려져 있다.

안지오텐신 1을 분해하여 강한 혈압상승 작용을 나타내는 안지오텐신 2로 변화시키는 효소를 "안지오텐신 변환효소"라고 하는데, 이 가수 분해한 막걸리 농축액이 고혈압을 유발하는 ACE의 활성을 저해함을 알 수 있었다. 참고로 고혈압 유발 저해 효과, 즉 ACE 저해 활성 효과가 있는 식품으로는 막걸리 외에 우유, 정어리, 무화과, 옥수수, 된장 및 간장 등이 있다.

혈액 내 전구물질인 안지오텐시노겐이 가수분해효소 레닌에 의해 신장에서 분해되면 안지오텐1이 된다. 안지오텐신1은 긴펜타이드로 되어 있으나, ACE에 의해 잘게 절단되어 안지오텐신2가 되면서 혈관수축을 일으켜 혈압이 상승한다. 실험 결과 막걸리의 가수 분해물 첨가는 1→2로 되는 ACE 작용 기전을 방해하여 혈압 상승을 저지하는 효과가 좋은 것으로 나타났다. 이와 같은 결과는 막걸리의 단백질 가수 분해물 중의 펩타이드에 의한 것으로 추정되며 물질의 구조를 규명 중이다.

막걸리의 암 예방 지수(QR 활성 유발 효과)

세포는 자신의 조절 기능에 의해 분열과 상장을 계속하며, 수명이 다하게 되면 스스로 사멸하여 신생 세포 수와 항상 그 균형을 유지한다. 그러나 세포 자체의 조절 기능에 문제가 생기면 사망해야 할 비정상 세포들이 과다 증식하게 되고, 주위의 조직 및 강기에 침입하여 덩어리를 형성하며, 기존의 구조를 파괴하거나 변형시키면서 암을 형성하게 된다.

우리나라는 최근 식생활이 서구화되어 동물성 식품과 지방 섭취가 증가하였고, 이에 따라 암의 발생률과 동맥경화, 심근경색, 고혈압 등 심장혈 관계 질환이 증가하는 추세에 있다. 이에 막걸리의 암 예방 효과를 알아보기 위하여 막걸리 농축액을 헥산층, 메탄올층, 부탄올층 및 물층으로 분획하여 각 분획 층별로 암 예방 지수인 QR활성 유발 효과를 측정하였다.

본 연구에서 한 QR 활성 유도 효과는 다양한 종류의 항암물질에 의해 그 활성이 유도되어 암 예방을 유도하므로 암 예방 지수로 많이 사용되고 있다. QR 활성유도 물질 탐색은 인체 암세포 배양법으로 행해졌으며, 암세포 중 유일하게 Quinone Reductase를 가지고 있는 간암 세포주 HepG2를 사용하여 측정하였다. 이 연구를 통해 실험에 사용하는 4가지의 용매 분획 층에서 제일 높은 암 예방 효과를 확인할 수 있었다.

간암 세포주인 Hep G2에 용매별 막걸리 분획 층을 첨가했을 때 메탄올 분획층에서 가장 높은 QR 활성이 나타났고, 그 다음으로는 헥산 분획 층이었다. 막걸리 메탄올 분획 층의 경우 암 예방 지수인 QR활성이 각각 1.71, 1.82, 1.92 및 2.06배로 메탄올 분획층 다음으로 QR 활성 유발 효과를 나타내었다.

계속해서 메탄올 분획 층의 생리활성물질을 추적하여 그 구조를 동정할 예정이며, 이 결과는 향후 암 예방 효과를 지닌 막걸리의 기능성 식품개발에 매우 중요한 자료가 될 것으로 생각된다.

연구에 의하면, 사용한 4가지 암세포 주 모두 앞의 암 예방 지수 결과에서와같이 메탄올 분획 층에서 가장 높은 암세포 성장저지 효과를 나타내었다. 각 세포주 모두 막걸리 분획 층의 첨가 농도가 높을수록 암세포의 성장저지 효과가 크게 나타났으며 농도의 차이는 있으나 막걸리 메탄올 분획층의 경우 200mg/ml의 농도에서 사용한 암세포주 모두 약 90~95% 이상의 높은 암세포 성장 저지 효과를 확인할 수 있었다.

막걸리 미처리 군의 경우 둥근 모양을 한 간암 세포 주를 볼 수 있다. 그러나 여러 가지 막걸리 분획 층 중 막걸리 메탄올 분획 층을 가했을 때 세포주의 형태학적 변화가 아주 두드러졌으며, 메탄올 분획 층의 첨가 농도가 증가함에 따라 암세포주의 세포막과 세포질에 심한 변형이 일어남을 볼 수 있었다.

즉 막걸리 메탄올 분획층을 저농도로 처리한 경우에는 막걸리 미처리 대조군에 비해 간암세포주의 형태가 전체적으로 변화되어 세포질의 응축이 일어났으며, 짧고 많은 가지를 친 듯한 모양으로 변하였다. 한편 막걸리를 고농도로 처리한 경우에는 암세포들의 부착력이 상실됨과 동시에 파괴되어 죽은 암세포 잔여물들이 여기저기 뭉쳐져서 떠 있는 모습이 관찰되었다.

본 연구는 인체 암세포 주에 미치는 막걸리의 영향을 본 연구 결과이다. 이 결과에서 적당량의 막걸리 음용은 암세포의 성장을 저지하는 암 예방효과가 있음을 추정할 수 있다.

이상으로 막걸리의 영양 성분과 인체에 미치는 여러 가지 효능에 대해 알아보았다. 막걸리는 6~7%의 적당한 알코올 도수를 가지고 있고, 높은 농도의 단백질 성분이 함유되어 있으며 유기산과 유산, 그리고 소량이지만 비타민과 무기질 및 식이섬유소도 들어 있다.

그래서 막걸리에는 간 기능 개선 효과, 콜레스테롤 저하 효과, 혈류 개선 효과, 활성산소 제거 효과, 고혈압 유발 저해 및 암세포 성장 저지 효과 등 건강 유지에 필수적인 여러 기능이 모두 어우러져 있다. 우리 술 막걸리의 우수성에 대해서는 앞에서 기술한 여러 연구에서 기능성이 입증되었으며, 아직 밝혀내지 못한 미지의 기능성과 유용 생리활성 물질의 실체를 알기 위한 세부적인 연구가 필요하다. 조상의 슬기로 빚어진 전통 웰빙 주 막걸리는 균형 잡힌 식생활에 함께 적당량 섭취하면 삶의 질을 높여 준다.

2016년 3월 7일에 헬스조선에서 발행된 기사에 따르면 한국식품연구원 영양 식이연구단 황진택 박사팀은 쌀을 주원료로 제조하는 막걸리가 위암 세포의 성장을 억제하는 데 효과가 있다는 사실을 입증했다고 한다.

황진택 박사팀이 수분과 알코올을 제거한 막걸리를 인체 유래위암 세포에 처리했을 때 암세포의 증식이 억제되고 종양 억제 유전자인 PTEN의 발현이 증가했고 인체 유래위암 세포를 이식한 쥐에 막걸리를 경구 투여한 동물 실험 결과에 따르면, 종양의 성장이 억제되는 것으로 확인됐다고 한다.

이는 막걸리의 주요 성분이며 주로 쌀에 많이 들어 있는 '베타 시토스테롤' 암 예방에 직접적인 영향을 미치기 때문이다. 막걸리에 함유된 베타 시토스테롤은 식물이나 쌀겨, 콩류, 배추 등에도 풍부하며, 항암효과뿐 아니라 전립선 건강이나 전립선 비대증의 치료, 면역력 증진, 혈중 콜레스테롤양 저하 등에도 효능이 있는 것으로 알려졌다.

이미 기존에도 막걸리에 풍부한 식이섬유와 단백질 성분이 항암 효과가 있다는 실험 결과가 있었다고 한다. 2008년 한국식품영양과학회의 발표 논문에 따르면, 연구팀이 농축시킨 막걸리를 유방암과 간암, 대장암, 피부암 세포에 주입한 결과 암세포의 성장이 억제되는 효과가 있었던 것이다.

이인형은 "막걸리는 미생물에 의해 자연 발효된 자연 식품으로 술인 동시에 건강식품이라 할 수 있다. 일반적인 술은 독할수록 간에 부담을 주고 혈당치를 올려 각종 생활 습관병을 유발한다고 알려져 있다. 그러나 막걸리는 알코올 도수가 일반적으로 6~7% 정도로 낮고 필수 아미노산이 10여 종이 들어 있다. 많이 마시지만 않는다면 건강에도 괜찮다고 한다. 또한, 단백질 함량도 종류에 따라 차이는 있으나 약 1.9% 정도인데 이는 우유 단백질인 3%와 비교해 볼 때 상당한 양이다. 최근의 연구 결과에 의하면 혈중 콜레스테롤을 떨어뜨리는 데 효과가 있다. 이는 막걸리의 특성인 생生효모가 혈청 속 콜레스테롤을 떨어뜨려 주기 때문이다."라고 말했다.

배상면주가 연구소 정창민 박사는 "막걸리는 식이섬유 덩어리라 해도 지나치지 않다. 막걸리는 물이 80%, 식이섬유가 10% 안팎 들어 있다. 막걸리 한 사발에는 이른바 식이 음료와 같은 양과 비교해 100~1,000배 이상 많은 식이섬유가 들어 있다. 식이섬유는 대장운동을 활발하게 해 변비를 예방하는 것은 물론 심혈관 질환 예방에도 효과가 크다."로 밝혔다.

세 번째 사발

막걸리의 미래

막걸리의 다양한 변신

막걸리도 한때는 값싼 외국산 쌀로 빚는 것이 현명하다고 생각하던 시대가 있었지만, 이제는 국산 쌀로 막걸리를 빚지 않으면 경쟁에서 밀리는 상황이 되었으며 각종 첨가물을 뺀 막걸리까지 선을 보이고 있다. 우리 쌀로 빚는 막걸리뿐만 아니라 유기농 쌀막걸리까지 훌쩍 뛰어넘어 우리 토종 농산물을 넣고 빚는, 새롭고도 독특한 맛과 향을 지닌 막걸리로 거듭나고 있다.

이들 막걸리는 그 지역에서 나는 농·특산품을 막걸리와 섞음으로써 생산과 소비뿐만 아니라 이제는 아예 그 지역 브랜드로 자리를 굳히고 있다. 김정일 국방위원장이 애타게 찾았다는 배다리 막걸리도 예쁜 유리병으로 들어가 변신을 시도하면서 값도 올랐고 꽤 비싸졌다.

어쨌든 막걸리는 김치처럼 다양성을 포용하며 독특하고 끊임없이 변화를 추구하는 대표적 문화유산이다. 이런 막걸리가 와인을 밀어내고 지구촌 곳곳을 누비고 있는 까닭도 지역마다 지닌 독특한 막걸리 맛일 것이다. 우리나라 곳곳에서 빚고 있는 독특한 맛과 향을 지닌 지역 막걸리를 잘 살리면서 품질과 디자인 그리고 스토리텔링의 문화를 덧입힐 때 세계적인 명술로 자리 잡을 수 있을 것이라고 확신한다.

그리고 막걸리는 다이어트에 좋다고 한다. 게다가 막걸리에 함유된 '트립토판'과 '메싸이오닌'이라는 성분이 체내에 지방을 쌓이는 것도 억제해준다. 일반적으로 생각하면 술을 마시면 체중은 증가한다. 이유는 뭘까? 역시 기름진 안주와 과음을 할 수밖에 없는 틀에서 벗어나지 못하기 때문이다. 안주 없이 술만 적당히 마신다면 다이어트는 충분히 가능하다.

　사람이 술을 마시면 알코올 대사 과정에서 발열 반응이 증가해 체중이 줄어드는데 알코올은 g당 7kcal의 열량을 내 탄수화물과 단백질(4kcal/g)보다 고열량이지만 인체에 저장되지 않고, 다른 영양소에 우선하여 에너지원으로 사용되기 때문이라고 한다.

　그러면 왜 막걸리만 다이어트로 효과를 보는 것일까? 더 큰 이유는 막걸리에는 아미노산과 식이섬유가 많아 몸속 노폐물의 체외 배출을 돕고 체중이 축적되는 것을 막는 효과가 있는 동시에 영양이 골고루 들어있는 알코올이든 종합영양제이기 때문에 막걸리는 다이어트가 가능한 것이다.

　한국전통주음료주식회사 김성만 대표이사는 막걸리 다이어트 방법을 주장한다. 막걸리는 옛날부터 식사대용의 의미가 있었기 때문에 곡기라 하였는데, 막걸리 다이어트는 식사 대신에 막걸리 2사발(600ml, 알코올 30g으로 하루 알코올 권장 섭취량보다 적은 양)정도를 안주 없이 마시는 것으로, 다른 탄수화물은 섭취하지 말아야 한다고 한다.

단, 하루 1끼는 다른 영양소를 섭취하면서 가능한 짧은 기간 안에 해야 하며, 규칙적인 알코올 섭취는 체내 호르몬 변화를 유발해 복부 지방을 축적할 수 있는 만큼 유산소 운동과 충분한 수면을 병행하여야 다이어트 효과가 있다는 것이다. 더불어 가장 중요한 사항은 반드시 유산균이 살아 있는 생막걸리로 해야 하며 마실 때는 반드시 흔들어서 밑에 침전된 탁한 부분을 함께 마셔야 한다고 한다. 이유는 침전된 부분에는 헥산, 단백질, 비타민B, 식이섬유 등 생리활성 물질들이 풍부하게 들어 있기 때문이라는 설명이다.

막걸리 다이어트의 부작용을 걱정하는 사람들에게는 막걸리 다이어트는 영양학적으로 불균형을 초래할 수 있으며 더 문제가 되는 건 중독성이라고 말한다. 막걸리의 도수는 다른 술에 비해 약하지만 같은 양을 매일 식사대용으로 마실 경우 습관성 음주로 이어져 알코올 중독이 될 수 있으며, 더불어 막걸리를 빈속에 자주 마시다 보면 알코올 분해효소가 작용하기 전에 흡수가 일어나 혈중알코올농도가 빠르게 상승하여 특히 간과 뇌에 악영향을 준다고 한다. 또한,

막걸리에 함유된 알코올이 신체의 정상적인 지방사용을 줄여, 오히려 체지방을 느릴 수 있어 몸무게는 감량할 수 있지만, 건강에는 악영향을 미칠 수 있다는 것이다.

그렇다면 가장 효과적인 방법은 무엇인지 궁금하다는 질문에 다이어트란 더욱 건강해지는 위해 노력하는 과정이고 막걸리 다이어트 역시 효과도 있지만, 부작용도 많이 있기에 절제할 자신이 없다면 시작조차 하지 않는 것이 좋다고 답했다. 또한, 막걸리 다이어트는 다른 영양소를 조금씩 섭취하면서 가능한 짧은 기간 안에 해야 하며, 규칙적인 알코올 섭취는 체내 호르몬 변화를 유발해 복부 지방을 축적할 수 있는 만큼 달리기, 수영 등의 유산소운동을 반드시 병행해야 한다고 한다.

그리고 막걸리에 들어있는 비타민B와 페닐알라닌이란 성분은 피부 결을 매끈하고 탄력 있게 만들어준다고 한다. 더불어 피부에 멜라닌 색소가 침착되는 것도 막아주는 기능도 있고 막걸리는 피부의 활성 산소를 없애주고 재생 능력에 좋은 성분이 많이 들어 있으므로 화장품으로 만들었을 피부의 미백과 보습에 좋다고 한다. 또한, 막걸리 주성분인 누룩은 혈액순환을 촉진해 피로 물질이 쌓이는 것을 막아 기미와 주근깨 예방에 도움이 된다고 한다.

이 점에 착안해 한 때 막걸리를 피부 마사지에 응용한 곳이 있다고 말한다. 고려 왕실의 왕가에서 마시던 고급 막걸리인 이화주를 복원하여 어느 한의원에서 마사지를 하여 인기를 얻었다는 것이다. 색이 희고 숟가락으로 떠먹을 수 있을 정도로 걸쭉한데 그 안에 들어있는 비타민은 피로 완화와 피부 재생 등의 효과가 있으며 각종 필수아미노산은 체중 유지를 돕고 몸에 지방이 축적되는 것을 막는 효과가 있는데 피부마사지를 했을 때도 효과가 있었다고 한다.

변비를 해결하니 피부도 맑아진다고 한다. 막걸리에 함유된 유산균의 양은 다른 유산균 음료보다 약 100~1,000배에 달한다. 따라서 변비에 탁월한 효과가 있을 수밖에 없다는 것이다. 변비를 해결하면 당연히 독소가 제거되어 피부가 맑아지는 것은 당연하지 않을까라는 것이 그의 설명이다.

막걸리 식초의 매력

막걸리가 선물한 최고의 건강식품은 막걸리 식초이다. 식초는 필수아미노산이 포함되어 있으며 몸의 질병 특히 바이러스 등에 대항할 수 있는 면역력 높여준다. 아미노산은 대체로 우리 몸 안에서 생성되는데 우리 몸 안에서 합성될 수 없는 아미노산이 있다. 이 아미노산은 반드시 음식물을 통해서 섭취해야 하는데 이 필수아미노산 막걸리에 들어있는 8대 필수아미노산이 쌀 식초에 들어있다.

사실 식초는 민간요법이 아니라 노벨상을 3회나 수상한 최고의 과학이다. 크레브스 박사(영국)와 리프먼 박사(미국)는 우리가 육체적, 정신적인 일을 해서 몸속에 노화의 원인이 되는 젖산이 생기는데 식초가 젖산의 발생을 방지하거나 해소한다는 연구로 1953년에, 미국의 Bloch 박사와 서독의 리넨 박사는 식초의 주성분인 초산이 부신피질 호르몬을 만든다고 밝혀 1964년에 노벨 생리 의학상을 받았다. 크레브스 박사의 연구에 따르면, 하루에 100mg의 천연식초를 매일 섭취하면 평균 수명보다 남성은 10년 여성은 12년 장수할 수 있다고 한다.

장수하기 위해서는 암과 같은 성인병을 예방해야 하는데 천연식초 섭취는 암의 예방접종과 같다. 식초를 많이 섭취하면 암이 되는 비율이 반으로 줄어들며, 특히 신장암과 간암, 위암, 대장암, 췌장암 같은 소화기암에 효과적이다. 하루에 100mg의 천연식초면 암을 예방하는 데 충분하다.

막걸리 식초의 다양한 효과

그러면 막걸리를 이용하여 천연식초를 만들었을 경우 우리 몸에는 어떤 효과가 있을지 알아보자.

첫 번째, 식초는 리트머스 시험지에서는 산성으로 나타나지만, 체내에서는 만병의 원인인 산혈증(혈액이 산성이 된 상태)을 해소하는 강력한 알칼리성 식품이다.

식초는 산성을 띠는 물질이지만 인체 안에서 분해되고 남는 물질은 알칼리성이므로 알칼리성 식품이라 부른다. 각종 성인병을 유발하는 산성 물질로는 지방의 함량이 많은 육류가 대표적이고 식초를 만드는 식품들은 곡류와 과일류로 대표적인 알칼리성식품이다. 이와 같은 식품을 발효시켜 식초로 만들면 원료가 되는 식품 속에 들어있는 성분들이 파괴되거나 전환되지 않고 고스란히 식초로 이행된다.

몸에 좋은 식초지만 조심해야 할 점도 있다. 위산과다를 앓는 사람은 식초를 공복 먹는 것을 피해야 하는데 이미

위액의 분비가 많기 때문이다. 또한, 위궤양이 있는 사람이나 관절염이 심한 사람에게도 당분간 식초를 먹지 않는 것이 좋다. 농도가 진한 식초도 위벽을 헐게 하기에 산도가 강한 식초는 반드시 물에 타 희석해 마시도록 한다. 음료로 마시거나 음식에 첨가해 먹는 식초의 적정한 농도는 1~2% 미만일 경우가 좋다.

신맛도 과하면 병을 부른다는 말이 있다. 한의학에서는 신맛은 간을 도와 근육을 튼튼하게 하고 힘을 내게 하는 것으로 본다. 그러나 지나치게 신맛을 좋아하면 간의 기운이 넘쳐 오히려 간이 상하게 되는 것이다.

그래서 샐러드드레싱으로 이용하면 좋다. 비타민C는 파괴되기 쉽고 체내에서 생성하거나 축적할 수 없으므로 매일 섭취가 필요, 비타민C를 가장 잘 보호하고 그 효능을 발휘할 수 있게 하는 것이 식초이다. 식초는 비타민 C등의 야채 성분뿐만 아니라 쌀이나 콩 등에 함유된 탄수화물과 단백질의 흡수가 잘되게 하고 미역이나 다시마 등 해조류에 함유된 칼슘, 철분 등 미네랄의 흡수 촉진, 미역 무침을 할 때 식초를 듬뿍 뿌리면 해조류 성분이 상승효과를 일으켜 좋은 영양소를 몸에 공급한다.

두 번째, 동맥경화를 예방한다. 유기산은 동맥을 보호한다. 야채나 과일, 천연식초를 충분히 섭취하는 것만으로도 HDL콜레스테롤을 늘려서 LDL콜레스테롤을 줄일 수 있다. 이런 작용은 고혈압을 낮추고 혈액을 진득진득하지 않게 해서 혈관을 보호한다. 평균적으로 하루에 식초 한잔 먹지 않는 사람은 최대혈압에서 11mmHG, chlth 혈압에서 6mmHG정도 높아진다.

또 백혈구의 면역기능을 높인다. 세균이나 암세포 또는 바이러스 같은 적과 싸우기 위해 우리 몸은 림프구라고 불리는 백혈구에 소집령을 내린다. 매일 100mmg의 천연식초를 섭취하면 림프구를 많이 만들 수 있다. 식초가 바이러스에 대해 억제작용을 한다.

더욱이 식초는 면역기능에 필요한 항산화제 글루타치온의 체내 수치를 올려준다. 유기산이 약간만 결핍되어도 몸의 면역력은 급격히 줄어드는데, 매일 천연식초를 섭취하면 적혈구의 글루타치온 농도가 50% 증가하며 노인의 백혈구를 생화학적으로 젊게 한다. 70대의 노인들이 매일 천연식초를 100mmg 섭취한 결과 젊었을 때와 백혈구 수가 비슷해졌다.

세 번째, 정자의 손상을 막는다. 유기산이 부족한 남성의 정자는 결함이 생기기 쉽고 선천성 결손증이 원인이 되는 경우가 있다. 유기산 1일 5mg으로 제한된 남성의 경우, 활성산소에 의한 DNA 손상이 정자세포에서 두 배가 되어 있었다. 그래서 1일 60mg~10mg으로 복용량을 늘린 결과 한 달도 채 되기 정에 정자의 DNA가 원래로 돌아 왔다. 즉 하루에 3~5잔의 천연 식초가 정자의 손상을 치유한 것이다.

네 번째, 잇몸병을 막는다. 식초는 잇몸 조직에 손상을 입히는 활성산소의 공격을 막는다. 유기산이 부족한 사람은 그렇지 않은 사람보다. 3.5배 정도 빈번하게 잇몸 출혈이나 염증 손상이 일어난다. 유기산은 비타민C를 많이 함유하고 있으므로 잇몸병을 예방하는 효과가 있다.

그리고 백내장의 발병을 막는다. 석기시대에 인간은 야생초나 발효된 나무열매를 먹고 하루에 100mg 이상의 유기산을 섭취했다. 이 사실은 건강을 유지하려면 적어도 그 정도는 섭취하지 않으면 안 된다는 것을 말해준다. 식초에 들어 있는 유기산은 망막을 씻어주는 역할을 하므로 백내장의 발병을 막는다.

다섯 번째, 식초의 유기산은 노화의 주범인 활성산소를 파괴한다. 식초는 간 기능 저하로 해독되지 않고 몸 안에 쌓이는 각종 유해물질을 없애는 데 도움이 된다. 술을 마실 때 식초가 들어간 안주를 먹으면 간장에 무리가 덜 가고 숙취 예방의 효과가 있다. 술 마신 다음 날 식초와 꿀이 혼합된 음료를 마시면 숙취해소에 좋은 이유이다. 천연식초는 필수 아미노산이 풍부하게 들어 있어 위벽을 손상하지 않고 살균효과를 얻을 수 있다.

여섯 번째, 식초가 피부를 곱게 만든다. 술이 발효되면서 우연히 만들어졌다는 식초는 1만 년 전부터 사용되어 온 건강식품이다. 음식의 풍미를 좋게 하고 건강을 지켜줄

뿐 아니라 피부미용과 다이어트 등에도 탁월한 효과를 발휘한다.

그리고 피부 노화를 막아준다. 식초에는 피부 노화를 지연시키는 비타민 E와 같은 작용을 하는 성분이 함유되어 있다. 성분은 피부 노화의 주범인 과산화지질을 억제하고, 세포의 원활한 신진대사를 도와준다. 식초성분이 함유된 세안수나 로션, 팩 등을 이용하면 피부 노화를 효과적으로 막을 수 있다.

또 기미와 주근깨 등 잡티를 예방한다. 식초의 주성분인 초산과 구연산은 피하조직과 근육에 남아 있는 젖산을 분해하여 혈액의 원활한 흐름을 촉진하고 비타민 C를 보호하여 기미나 주근깨의 원인인 멜라닌 색소의 생성을 억제한다.

더 나아가 피부트러블을 개선한다. 식초는 살균력이 강해서 세균이나 바이러스의 증식을 억제한다. 얼굴에 여드름이나 뾰루지 등이 생겼을 때 끓는 물에 식초를 몇 방울 떨어뜨린 다음 수증기를 얼굴에 쏘이면 염증이 완화된다.

결론적으로 피부를 건강하게 만들어 준다. 피부의 표면은 약산성이다. 약산성을 유지해야 저항력이 생겨 세균 증식을 억제할 수 있다. 하지만 대부분의 비누는 알칼리성, 세안 시 헹굼 물에 식초를 몇 방울 섞으면 식초의 유기산이 피부 표면을 약산성으로 보존하여 건강한 피부를 유지할 수 있다. 또한, 식초에 풍부한 아미노산은 피부의 윤기를 유지하는 천연 보습인자의 주성분이다. 이 성분은 수분을 각질층의 가운데로 몰아 촉촉하고 탄력 있는 피부로 만든다.

또한 알레르기 피부를 개선한다. 피부 상태는 소화기능과 밀접한 관계가 있다. 식초의 유기산은 장을 청소하고 통 변을 좋게 하므로 천연식초를 매일 한 잔씩 마시면 알레르기 피부를 개선하는 데 도움이 된다.

일곱 번째, 지방세포를 분해한다. 식초는 지방세포의 합성을 방해하고, 만들어진 지방세포도 분해해 다이어트에도 효과적이다. 또 영양소의 체내 소비를 촉진하는 기능이 있어 몸속에 과다하게 축적된 당분이나 글리코겐을 연소해 비만 해소에 뛰어난 효과가 있다.

또한 변비를 해소해 피부건강을 지킨다. 변비 해소는 다이어트나 피부미용 모두에 큰 영향을 미친다. 식초는 몸 속 신진대사를 촉진하고 위와 장의 활동을 활발하게 만들어 부드럽게 변을 볼 수 있게 도와준다.

그리고 모발을 건강하게 만든다. 살균력이 강한 식초는 두피에 습진이 생겨 머리카락이 많이 빠질 때 효과적이다. 건성보다는 지성이나 지루성 모발에 좋은데 청주식초는 노화돼 약해진 두피와 모공에 활력을 불어넣고 머리카락을 건강하게 만든다.

식초에는 피부의 신진대사를 활발하게 해주고 보습과 재생을 도와주는 천연성분들이 풍부하다. 피부에 직접 사용할 때에는 반드시 천연재료로 만든 식초를 물에 희석해 사용한다.

여덟 번째, 인체의 대사를 촉진하고 피로물질을 분해한다. 크레브스 회로(구연산회로)란 영양소가 우리 몸에서 분해되는 과정이다. 구연산 회로라 불리는 화학반응이 정상적으로 이루어질 때는 영양소가 몸에 해가 없는 물과 이산화탄소로 분해되어 배출된다.

그러나 이 과정이 원활하게 이루어지지 않을 때는 체내에 피로물질인 젖산이 쌓이게 된다. 피로물질 젖산이 체내에 쌓이게 되면 두통, 어깨결림, 요통 등의 증상이 나타나고 심하면 질병에 걸린다. 이때 피로물질의 배출을 돕고 몸속의 신진대사를 활발하게 하는 물질이 바로 구연산이다. 구연산은 유기산의 일종으로 식초 안에 많이 들어있다.

식초가 피로회복과 예방 효과를 보이는 것은 결국 구연산 덕분, 또한 식초 안에는 구연산을 비롯해 호박산, 사과산 등 인체에 이로운 각종 유기산이 다량 들어 있다. 식초는 대사를 신속하게 진행시킴과 동시에 체내에서 생성된 노폐물과 각종 산성 물질을 몸 밖으로 배출시킨다. 따라서 체지방의 합성속도가 늦어지거나 합성이 예방된다. 이와 더불어 지방의 분해를 촉진시키며 지방이 쌓이는 것을 방지한다. 혈관을 청소해주는 역할도 한다. 체지방이 빠져 나가면서 혈관벽에 붙어있던 지방도 함께 빠져나가기 때문이다.

소금섭취를 줄여줘 각종 성인병 예방에 좋다. 식초가

성인병 예방에 좋은 다른 이유는 소금의 섭취를 줄이는 효과에 있다. 소금 속에 들어있는 나트륨은 인체 대사에 없어서는 안 되는 물질이지만 혈압을 높인다. 그러나 짭짤한 맛에 길든 입맛을 하루아침에 바꾸기란 쉬운 일이 아니다. 음식에 식초를 넣으면 간이 맞는다. 식초 그 자체에 소금을 줄이는 효과는 없지만, 신맛 때문에 싱겁다는 생각이 들지 않는다.

아홉 번째, 해독작용에 큰 효과가 있다. 피로 예방과 숙취의 예방 및 해소에 그만이다. 알코올이 분해되면서 발생하는 아세트알데하이드의 분해를 촉진하기 때문이다. 또한, 식초는 췌장을 자극해 인슐린의 분비를 촉진해 혈당을 낮춘다.

또한, 막걸리 식초는 소화기능을 돕는다. 식초의 신맛은 침샘을 자극해 침이 많이 나오게 하고 입맛을 돌게 하며 위액의 분비를 촉진하고 위액의 기능을 대신하기도 한다. 소화기의 신경을 자극해 음식물의 소화흡수율도 높인다.

그리고 살균 기능이 있어 장내에 사는 해로운 세균의

번식을 억제하고 장내의 살균성을 높여 장의 염증과 이상 발효를 막는 동시에 장의 연동운동을 도와 장을 건강하게 유지해 나간다. 이 덕분에 변비 해소에 도움을 준다.

마지막으로 식초는 칼슘의 흡수율을 높인다. 체액이 산성으로 기울면 인체는 그것을 중화시키려고 하는데 이때 필요한 물질이 칼슘, 칼슘은 장에서 흡수되기 어려운 성질이 있으나 구연산과 결합하면 흡수율이 높아진다. 따라서 성장기 어린이, 임산부, 폐경기 여성에게 매우 좋다.

구연산과 칼슘은 환자와 생리일을 맞은 여성에게도 유용한 물질이다. 병을 앓고 있거나 생리 중인 여성의 혈액 안에는 평상시보다 많은 노폐물이 생기며 인체는 이 노폐물을 배출하기 위해 칼슘을 소비하기 때문이다.

막걸리 식초 만드는 방법

그러면 이제 막걸리 식초 만들기를 도전해 보자. 천연

식초 만들기의 시작은 종초를 만드는 것부터 시작이 된다. 멸균하지 않아 초산균이 살아 들어있는 완성된 식초를 말한다. 먼저 유통기간이 얼마 안 된 생막걸리 2통과 발효 용기 4000ml, 천 또는 한지, 고무줄만 있으면 된다. 산도가 좋은 종초를 만들기 위해 소주와 양조식초를 약간 첨부해도 좋다.

식초 만들기의 기본은 소독이다. 손을 깨끗하게 씻고 용기나 사용 도구들을 소독한 후 건조해 사용한다. 그런 다음 생막걸리 병 밑에 가라앉은 앙금을 흔들어 발효 용기에 붓고 35도 소주 150ml, 양조식초 150ml도 같이 넣고 섞어 준다. 식초는 공기가 잘 통하는 호기성 발효를 좋아하므로 뚜껑은 천, 한지 등으로 덮고 묶어 둔다. 그리고 통풍이 잘 되고 우리 집에서 가장 따뜻한 곳과 깨끗한 곳에 둔다.

발효 적정 온도는 27~30도이며 최저 25도에서 최고 34도까지 가능하다. 추운 계절에 할 경우 용기를 싸주거나 덮어 적절하게 온도를 맞춰주면 된다. 식초가 완성될 때까지 하루 1~3회씩 나무나 플라스틱보다는 스테인리스 도구를 소독하여 사용하면 좋다. 초산발효를 시작하면 거품이 생겼다가 가라앉으면서 막걸리 식초가 만들어지는데 이때 잘 저어주면 공기 중에 떠다니는 초산균이 쉽게 들어가 식초가 더 잘 만들어지는 것이다.

온도가 적절하게 맞춰졌다면 10일 경이면 초막이 생기고 40일~3개월이면 종초가 완성된다. 초산발효 10일경부터 옛날 십 원짜리 동전을 천위에 올려놓고 산도가 형성되는 것을 점검한다. 동전이 초록색으로 변하면 식초가 잘 만들어지고 있는 것이다.

좋은 종 초를 만들려면 발효 시작일부터 숙성 단계까지 최소 3개월 정도는 채워야 하며 3개월 후에 맑은 식초를 분리하여 공기가 들어가지 않도록 밀폐하여 보관한다. 유기산과 아미노산 등이 풍부하고, 향 좋고 깊은 맛이 나는 생막걸리 천연식초로 만들고 싶으면 9개월 더 숙성시키는 것이 좋고 산도가 2.7~3.2는 되어야 한다. 일단 종 초가 만들어지면 어떤 식초든 쉽게 만들 수 있다. 씨앗 식초로 사용할 경우 술 양의 20~30%가 되는 종 초를 넣어주면 된다.

막걸리 한 잔에 정을 담아

《막걸리 이야기》를 쓴 정은숙은 그의 책에서 "정情이 필요한 시대이다. 정을 나눌 수 있는 술이 나에게는 막걸리였다. 막걸리를 찾아다니면서 술도 술이지만 막걸리를 함께 하는 사람들의 다정함이 좋았다. 막걸리를 통해 세상과 소통하고자 하는 정을 나누고자 하는 사람들에게 조금이라도 도움이 되었으면 하는 마음이다."라고 표현하고 있다.

결국, 술은 타인과 교감하는 것이다. 기계적인 완벽한 연주를 듣는 것보다 음악의 현장에서의 감동이 큰 것처럼 술도 그 술을 만드는 사람의 진한 이야기가 배여 있는 것이 더 소중하고 사랑스러운 법이다. 막걸리는 그런 이야기가 있다. 그 고장의 농업과 자연이 막걸리 안에 녹아있어야 한다. 네가 있어야 내가 있는 것이기에 자연과 사람 그리고 그를 담은 한 잔의 술로 잇는 것을 통하여 감동을 할 수 있는 것이다.

요즘 우리나라에서는 와인을 즐겨 마시는 사람이 늘어나고 있다. 기업에서는 와인을 모르면 경영을 할 수 없다고 하며 일반인들도 빈티지, 마리와주, 샤또를 찾아 와인을 즐긴다. 한때 와인을 다룬 일본의 만화책은 고사 직전의 출판만화 시장에서 100만 부가 넘는 누적 판매 부수를 기록하기도 했으며 대형마트의 와인 판매량이 소주의 판매량을 앞설 때도 있었다고 하니 와인 열풍이라고 할만도 하다. 하지만 사람들은 와인이나 위스키처럼 세계적인 술이 될 수 있는 KOREA WINE(막걸리)의 존재는 과소평가하고 있다.

앞에서 이야기한 대로 막걸리는 적당하게 마실 경우 자연식품이자 건강식품으로 사람뿐만 아니라 동식물에도 좋은 영향을 끼친다. 2002년부터 8년 동안 매년 소나무에 막걸리 주기 행사를 마련하여 단백질, 유기질, 아마노산 등을 공급해 생육을 도왔으며 지금 그 나무들이 잘 성장해있는 모습을 보면 보람을 느낀다. 이처럼 언제나 정겹고 푸근한 서민의 술로, 정을 나누는 술로 사랑받던 막걸리가 외국술인 맥주, 양주, 와인에 떨어지는 이유가 무엇일까?

무엇보다 일제 강점기 주세법으로 인한 전통술의 맥이 끊기고 광복 후 재료를 쌀 대신 밀가루를 사용하도록 해 맛과 질을 떨어뜨린 것이 가장 큰 이유일 것이다. 막걸리가 암울한 시대 분위기에서 침체를 거듭하는 동안 우리의 입맛은 맥주와 소주에 젖어버린 것이 아닐까? 물론 한때 막걸리 광풍이 불기도 했지만 아직 나가야 할 길은 멀다.

막걸리가 국민의 술로 변화되기 위해서는 아직 못사는 서민들의 술이라는 것과 막걸리를 마실 때 나오는 트림과 냄새, 숙취 등 부정적인 이미지를 극복하기 위한 노력이 필요하고 막걸리를 좋아하기 위한 전략적인 접근과 제조방법의 변화, 그리고 고급화 전략 등 다양한 해결책이 있을 것이다.

여기에 퓨전 막걸리를 만들어 먹는 한 가지 비법을 소개하고자 한다. '현풍표 퓨전 막걸리'라고 이름은 거창하지만, 사실은 막걸리와 식초, 요구르트를 적절히 섞은 것에 불과하다. 하지만 3가지 발효식품의 결합으로 그 환상적인 맛을 낼 수 있다. 아쉽게도 최적의 비율을 밝힐 수는 없지만(특허를 받음) 가족끼리 모여 앉아 실험해 보시길 권한다. 배합비율에 따라서 다양한 맛을 느낄 수 있을 뿐만 아니라 가족 간에 정을 나누는 즐거운 시간이 될 것이다.

우리는 스스로 우리의 문화에 대한 자부심을 잘 느끼지 못하고 있는 것 같다. 사실 문화적으로 우리나라만큼 그 깊이를 가늠할 수 없는 나라는 많지 않다. 과거에 뉴욕 맨하튼의 월스트리트를 구경하다가 입구에 있는 인디언 박물관에 들어가 본 적이 있다.

규모는 그렇게 크지 않았지만, 그 비싼 땅에 꽤 많은 공간을 할애하여 전시한 내용을 죽 돌아보다 그만 실소를 금치 못했지만, 그들이 문화를 매우 소중히 여기고 있음을 깨닫고 오히려 부끄러움을 느꼈다. 우리나라 동네에 있는 사설 박물관보다 못한 수준의 유물을 그렇게 전시해 놓은 것을 보고 그들이 얼마나 문화를 소중히 여기면 자부심을 가졌는지 말이다.

동짓날 지신밟기

2월 초만 되면 유난히 등장하는 초콜릿 선물, 근원도 불분명한 연인의 날인 발렌타인데이의 산물이다. 그러나 우리나라에도 훨씬 더 아름다운 연인의 날, 즉 견우와 직녀가 오작교를 통해 만나는 음력 7월 7일인 칠월칠석이 있다는 것을 아는 젊은이들은 얼마나 될까?

10월 마지막 날이 되면 이상한 귀신 복장을 보는 것도 어색하지 않은데 이른바 서양 귀신 쫓는 날인 핼러윈 데이다. 동양의 정서와는 전혀 맞지 않는 그런 행사보다 더 낭만적이고 멋진 우리 고유의 귀신 쫓는 행사가 있다.

그렇다. 바로 동짓날의 '지신밟기'다. 밥보다는 라이스가 좋아 보이고 한식보다는 일식, 양식 등이 고급스러워 보이는 문화이다. 그래서인지 한식집은 그저 한 끼를 때우는 음식이고, 외국 음식은 중요한 사람이나 손님 접대에 쓰이는 경우가 많다.

막걸리의 우수성을 다시 인식하기 시작한 것은 사실 일본에서 시작되었다는 것에 이의를 달 수 없다. 우리 문화의 우수성을 우리 스스로 인식하지 못한다면 문화의 주도권을 빼앗길 수 있다. 막걸리는 그 자체로 막걸리의 문화적 우수성과 가치를 가지고 있는 우리 고유의 유산이기에 소중히 여겨야 한다.

그렇다면 다른 술과 달리 막걸리만이 가진 매력은 무엇일까? 와인은 숙성되는 데 짧게는 3달에서 길면 몇 년이 걸리지만, 막걸리는 숙성에 10~15일이 걸린다. 생으로 마시고, 원료의 맛도 살아 있으며 그래서 막걸리만큼 신선한 술도 없다.

유통기한이 짧은 것도 그 때문이며 지역의 특산물과 특징을 반영하고 있고, 그로 인해 1,000종류 이상의 막걸리

가 있다는 것도 막걸리의 매력이다. 막걸리에 대한 자부심
을 느끼지 않을 수 없다.

디자인이 필요한 때

　　막걸리의 우수성은 이미 검증되었다. 맛과 효능으로서 승부했으니 이제 '디자인'과 전략이 필요한 시기가 되었다. 커피 한잔에 5,000~6,000원을 지급하면서 막걸리한 병은 1,500원 정도로 거래가 이뤄지고 있고 그나마 마트에서 쉽게 구할 수 있는 막걸리는 '싼 술'의 이미지를 대표하는 페트병에 담겨 있어 쉽게 손이 가지 않는다. 최소한 7,000~8,000원정도 받을 수 있도록 디자인과 최고급 쌀로만든 고품질 막걸리를 출하해 각양각색의 독특하면서도 맛있는 막걸리를 사랑할 수 있도록 해야 할 것이다.

전통 주점에나 가야 만날 수 있던 막걸리를 이제는 '바'에서도 맛볼 수 있는 곳이 생겼고 여성을 대상으로 한 막걸리 칵테일도 나왔다. 최근 들어서는 좀 더 고급스러운 병 막걸리, 캔 막걸리가 출시하는 등 나름대로 변신을 시도하고 있지만, 대중의 호응을 끌어내기에는 아직 갈 길이 멀다.

막걸리 용기에 붙은 라벨도 고급화할 필요가 있다. 고급술의 경우 라벨을 보면 술에 대한 정보를 모두 알 수 있는 정보가 있지만 막걸리에는 아직 이런 규정이 없다. 막걸리에도 브랜드 디자인이 필요하다.

포천막걸리, 이동막걸리 등은 모두 지명에서 따온 것이며 잣 막걸리, 좁쌀막걸리, 밤막걸리 같은 이름은 단순히 어떤 맛인지를 설명할 뿐이다. 막걸리의 특성을 담은 브랜드를 특화할 필요성이 있다. 그 어느 때보다도 브랜드 디자인이 필요한 시기이다.

주류문화 칼럼니스트 명욱이 조선닷컴에서 쓴 글을 소개하는데 디자인의 소중함을 가장 잘 표현한 글로 생각하여 이렇게 언급한다. 다음은 조선닷컴에서 2016년 7월 14

일에 「라벨을 보면 막걸리가 보인다! 문화적 가치를 품은 막걸리 4선」이라는 제목으로 발행한 기사다.

식음료 산업의 패러다임이 바뀌고 있다. 버스를 기다리며 종이컵으로 자판기 커피를 마시던 시대에서 이제는 자판기 커피값의 수십 배를 주고 전문점 커피를 편하게 즐기는 것도 어언 옛말. 천원이면 사 먹던 김밥 한 줄이 이제는 5배에 달하는 가격이라 하더라도 가치가 인정되면 팔리는 시대이다. 케이크, 빵, 과자 등 팬시한 외식품목은 저마다의 차별화된 원료와 디자인으로 고객에게 먹는 것 이상의 가치를 전달하며 재미를 선사하고 있다.

이러한 시장을 마케팅 용어로 작은 사치라는 뜻의 '스몰 력셔리Small Luxury'라 한다. 그리고 접근할만한 럭셔리라는 '어포더블 럭셔리Affordable Luxury'로 설명을 한다. 조금 더 높은 가격이지만 기성제품과 차별화되고, 나은 제품을 골라서 가치를 즐긴다는 데 공통점이 있다. 무엇보다 소비자에게 접근성이 있을 만한 가격대로, 최고급 사치품과는 또 다른 일종의 편안함도 공존하는 시장이기도 하다.

여기에는 단순히 맛과 재료뿐만이 아니라 모던함과 트랜디함, 거기에 클래식까지 갖춘 디자인까지 소비자는 바라고 있다. 흥미로운 것은 외국의 것만 적용되던 이런 시장 안에 늘 서민적이기만 했던 막걸리까지 적극적으로 뛰어들고 있다는 것이다. 단순히 배부르고 취하기만 했던 막걸리 시장에서 가치를 느끼는 시장으로 커지고 있다는 것을 의미한다.

그는 이어서 이러한 가치와 문화를 디자인과 라벨로 잘 표현한 막걸리 4선을 소개하고 있는데 참고해 보는 것이 유익하다고 생각하여 또한 인용한다.

디자인에서 향이 피어나는 탁주, 자희향

자희향은 전통주 마니아라면 웬만하면 다 아는 전

자희향 막걸리

남 함평의 유명한 술이다. 이 술이 유명한 것은 과실향이 풍부하게 많이 나기 때문인데, 그래서 이름도 스스로 기뻐하며 향을 낸다는 자희향自熹香이다. 과실향이 풍부한 이유는 일반적인 고두밥이 아닌 죽으로 1차 발효를 하는데, 이 방식은 향이 너무 좋아 마시기 아까워 애석할 석惜에 넘길 탄呑이란 이름을 가진 조선 시대 석탄주惜呑酒를 재현해 낸 것이다. 단순한 막걸리 향이 아닌 잘 익은 포도와 사과, 살구와 같은 과실 향이다.

이것을 나타내기 위해 라벨의 '향'이란 단어를 보면 향이 위로 피어오르는 것을 볼 수 있다. 탁주지만 맑은 술을 떠서 마시면 라떼와 같은 부드러움으로 잘 익은 포도향이 많이 난다. 이를 표현하기 위해 전체적인 배경은 포도색이 들어갔다. 전통주가 가진 계절성을 나타내고, 함평의 국화도 소개하고자 가을의 꽃인 국화도 포함되어 있다.

하단의 산맥은 함평군을 지나가는 부드러운 능선의 곤봉산(190m)를 표현했고, 마지막 상단의 흰 여백은 이 지역의 달을 상징하였다. 전체적인 분위기는 여성미가 물씬한 디자인. 그래서인지 이 술은 남성이 빚지 않고, 여성이 빚는다.

연꽃 피는 소리를 디자인으로,
하얀 연꽃 백련 막걸리

80년 역사의 충남 당진을 대표하는 막걸리 명가, 신평 양조장에서 빚어지는 술이다. 독실한 불교신자기도 한 2대 김용세 대표가 정화淨化의 의미가 있는 연잎과 당진의 해 나루 쌀로 발효하여 만든 술이다.

그래서 사찰의 곡차문화를 복원했다고도 할 수 있다. 디자인을 보면 오직 쌀로만 빚는 술인 만큼 흰색이 돋보이는데, 왼쪽에 연꽃 속의 사람 모습이 독특하다. 이는 연꽃의 풍류를 나타내기 위한 것으로 연꽃이 피는

하얀 연꽃 백련 막걸리

소리를 듣기 위해 새벽녘에 나온 선비의 모습을 형상화 시킨 것이다.

실질적으로 연꽃은 천천히 피는 것이 아닌 한 순간에 피며 소리도 나는 것으로 알려져, 지금도 그 꽃피는 소리를 듣기 위해 연꽃 밭으로 숨죽이며 찾아가는 사람도 있다. 전체적인 기획은 신평 양조장 3대 김동교 씨가 진행하였으며, 디자인은 디자이너 출신의 그의 누나가, 전체적인 감수는 화가 출신인 어머니가 진행한 것으로 가족 모두의 생각과 철학이 들어가 있는 작품이기도 하다.

천천히 가는 시간을 표현해, 느린마을

크리미한 맛으로 여성들에게 인기가 높은 느린 마을 막걸리도 독특한 디자인으로 눈길을 끈다. 산과, 개

느린마을 막걸리

울 그리고 마을을 형상화 시킨 이 디자인은 자연 자체의 단순함이 지닌 건강함을 표현한다. 산과 들이 있는 고향을 상기시켜 주는 클래식한 모습도 있다.

100년 전, 술이 산업화하기 전에는 모두 집에서 술을 빚었고, 그 술을 빚은 집이란 공간은 너무 크지도, 작지도 않은 인간에게 알맞은 공간이었다. 그것을 느린 마을은 휴먼 스케일이라 표현하는데, 그 휴먼 스케일 Human Scale에 맞게끔 각각의 도심의 작은 양조장에서 빚어지는 것이 느린 마을 막걸리이다. 느린 마을이란 글자 디자인은 디지털적인 모습이기도 하지만, 한편으로는 한글의 초성, 중성, 종성을 위치별로 표현한 디자인이라고도 볼 수 있다.

문경시의 어원을 담은 탁주, 문희

떠먹는 막걸리를 제외하고, 막걸리 중에서 가장 높은 쌀 비율을 자랑하는 술이 바로 문희다. 일반적인 막걸리는 쌀과 물의 비율이 1:5 전후인데, 이 막걸리는 물보다 쌀이 더 많다. 그래서인지 쌀이 가진 풍미가 진하게 나며 발효하면서 나오는 다양한 과실 향을 가지고 있다. 제품명이 문희인 것은 이 제품이 나오는 고향, 경북 문경시의 어원을 담았기 때문. 원래 문경은 과거 급제한 소식을 안동, 예천, 영주 등 뼈대 있는 가문으로 전하는 제1 관문이기도 했다.

그래서 경사스러우며慶 상서로운瑞 소식을 듣는聞 곳이라 하여 문희경서聞喜慶瑞란 어원에서 시작했고, 이 앞 두 글자를 따서 문희라는 이름으로 네이밍을 했다. 동시에 이 막걸리를 즐기는 사람에게 문경의 어원처럼 계속 좋은 소식이 들리기를 희망하는 마음도 포함되어 있다.

쌀로만 빚은 문희는 가을 추수의 색이 배경이며,

문희 막걸리

문경의 특산물인 오미자를 가미한 문희는 오미자가 마치 문경 하늘에 비친 듯한 부드러운 자주색이다. 오미자 특유의 붉은색은 문희란 이름 옆에 과하지 않은 홍일점처럼 표현해 놓았고, 한글 켈리그라피로 그려진 문희라는 명칭은 클래식하면서 트랜디한, 하지만 올드하지 않은 가독성 좋은 글씨로 표현되어 있다. 이 술 역시 홍승희라는 여성이 빚고 있어, 여성미가 물씬 나는 디자인을 가지고 있다. 참고로 전국의 문희라는 이름을 가진 여성들이 애착심을 가지고 있다는 독특한 이야기도 전해진다.

소비자와의 첫 만남, 그것은 디자인

앞서 설명한 듯이 스몰 럭셔리 시장이 커지면서 다양한 막걸리와 전통주가 출시되고 있다. 이전에는 지역에 '막걸리' 정도 붙이는 것이 네이밍이었고 공용 디자인을 사용하는 등, 양조장만의 특성을 간직한 디자인을 찾기란 쉽지 않았다.

하지만 여전히 일반적인 전통주는 너무 클래식하거나 무겁고, 다가가기 힘든 디자인이 많다. 막걸리는 너무 저렴해 보여 부가가치가 떨어지고, 전통적인 도자 기술은 너무 문화재 같은 나머지 소비자가 쉽게 다가가기도 어려운 상황이다. 이런 면에서는 소비자와의 접점을 찾고, 소통한다는 의미에서는 디자인의 능력이 무척 중요하다.

사람을 처음 만났을 때, 첫인상이 반을 차지한다고 말을 할 정도로 첫 느낌은 중요하다. 그리고 그것을 만드는 것은 디자인이고, 그 디자인 안에 본질도 내포되어 있다. 다행히 이러한 디자인이 나오고 있다는 것은 무척 고무적인 일이다. 이러한 디자인과 더욱 발전해서 앞으로 전통주와 한국의 술에 다양한 지역 문화와 사람의 생각이 들어가길 기대해 본다. 라벨을 보고 지역과 원료, 그리고 문화적 가치를 보며 구입한다면, 부가가치를 담은 문화 시장은 자연스럽게 커질 것이고, 술로 인한 과음이나 주폭 같은 나쁜 문화도 줄어들 수 있다.

주류 칼럼니스트 명욱이 쓴 위 글을 읽어보면서 사실 디자인의 중요성과 방향성에 대한 해결책을 모두 제시했다고 느꼈고 전적으로 그의 의견에 동의한다. 바로 이것이 우리가 막걸리의 부가가치를 키워나가야 할 중요한 이유 중 하나일 것이다.

지금은 막걸리 도약의 시대

    최근 들어서는 고가의 '프리미엄 막걸리' 등장하면서 재도약의 가능성이 시작되는 시기를 맞고 있다. 아스파탐이라는 인공감미료를 쓰지 않고 유기농 쌀에 전통 밀 누룩 그리고 오랜 발효과정을 거친 후 유리병에 담아 고급스러움까지 살린 말 그대로의 프리미엄 막걸리이다.

    일제강점기 이후 현대 막걸리의 역사는 크게 3단계로 나눌 수 있다. 첫째 단계는 질 떨어지는 외국산 밀가루로 빚고 아스파탐 같은 인공 감미료로 맛을 보완했던 밥 대신 먹는 농주農酒였다. 둘째 단계는 2009년 막걸리가 일본에서 웰빙 식품으로 주목을 받으면서 한때 국내에서도 관심이 되살아나 붐을 타는 것 같았으나 곧 시들해졌던 시기이다.

반짝했던 막걸리의 인기가 주저앉은 이유 중 하나는 바로 인공 감미료였다. 양조회사 '술샘' 신인건 대표는 "아스파탐은 양치를 해도 입에서 사라지지 않는 야릇한 단맛이 나는 데다, 모든 막걸리 맛을 똑같게 만들어 개성을 없앤다"고 했다. 결국, 인위적인 맛과 개성과 독특성이 없어진 막걸리는 도약할 힘을 잃고 만다.

국내에서 가장 많이 팔리는 생生막걸리는 '장○막걸리'이다. 제조지역에서만 판매할 수 있었던 규정이 2000년 폐지되면서 이제는 서울과 수도권은 물론 지방에서도 '장○막걸리'를 찾아볼 수 있다. 마트에 가면 대개 '장○막걸리' 2종류가 진열돼 있는데 하나는 1,000~1,300원이고, 다른 하나는 이보다 조금 비싸다. 무슨 차이가 있을까? 먼저 뚜껑을 보면 저렴한 막걸리는 녹색, 비싼 막걸리는 하얀색 뚜껑을 쓰고 있다. 수입산과 국내산 쌀의 차이다.

농림축산식품부에 따르면 막걸리 매출액 상위 10위권

내의 업체들이 사용한 쌀 가운데 수입쌀 비중은 82.3%나 됐다. 우리들이 마시는 막걸리 10병 중 8병은 수입쌀로 만든다는 이야기이다. 게다가 수출액 10위권 내의 업체들이 사용한 수입쌀 비중 역시 73.2%에 달했는데 정말 부끄러운 일이다.

수입쌀과 국내산 쌀의 가격 차이는 약 3배 정도 나는데 가격에 민감한 업체 입장에서는 될 수 있는 대로 수입쌀을 쓰려고 하겠지만, 우리 몸과 땅은 둘이 아니라는 신토불이身土不二는 따지지 않더라도 민족의 전통 술에 수입산 재료를 쓰는 것은 막아야 할 일이며 결국 소비자가 해야 할 역할이다.

불편한 진실은 또 있다. 막걸리 맛의 핵심은 균에 있는데 시판되는 막걸리 제조에는 대부분 양조용 '입국' 발효제 균주, 즉 일제 강점기 일본에서 도입된 아스퍼길러스 루추엔시스라는 백국균이다. 막걸리 종주국이지만 정작 우리가 즐기는 막걸리의 맛을 전통이라고 말하기 어려운 이유이다.

첨가물도 생각해볼 문제이다. 대부분 막걸리가 아스파탐 같은 감미료로 단맛을 내는데 한때 유해성 논란에 휘말렸다가 식품의약품안전처가 안전성을 인정한 첨가물이다. 유해성 논란을 떠나 개성과 독특성을 잃어버린 맛으로는 결국 쇠퇴의 길을 걸을 수밖에 없다. 이제는 막걸리를 고를 때 소비자의 알고자 하는 노력과 현명한 선택이 필요하며 그런 과정을 통해 변화가 일어난다고 믿는다.

최근 들어 최근 좋은 재료를 이용해 제대로 담근 '프리미엄 막걸리'가 등장하면서 도약의 셋째 단계가 열리고 있다. 프리미엄 막걸리는 유기농 쌀, 햅쌀, 지역 최상급 쌀 등을 원료로 쓴다. 인공 감미료를 넣지 않고 막걸리 자체의 맛을 추구한다. 일반 막걸리는 대개 수입산 누룩을 쓰지만 프리미엄 막걸리는 전통 밀 누룩을 사용하는 경우가 많다. 고급스러운 이미지를 만들뿐 아니라 보존력을 높이고 안정적인 맛을 유지하기 위해 유리병에 담았다.

와인과 경쟁하는 막걸리! UN에서 건배 주로 올려지는 막걸리를 상상하는 기대를 가져보면 가슴이 벅차오른다.

세계 어느 곳을 가나 지역의 특별한 맛을 가진 음식과 술이 그곳에 대한 추억으로 남아 다시 찾고픈 생각이 든다고 한다. 이제 우리도 이런 점을 고려해 고급 막걸리를 만들어 관광객들에게 깊은 인상도 심어주고 쌀이 남아도는 문제도 쉽게 해결할 수 있는 방향으로 전환해야 할 때가 분명히 다가오고 있다.

막걸리 잔에 부는 새로운 바람

막걸리를 어떤 잔에 따라 마실 것인지도 이제는 고민해보아야 한다. 와인을 마실 때 잔은 매우 중요하다. 그래서 '와인 맛은 잔 맛이다'라고 소리도 있다. 소주잔, 맥주잔이 있는 것처럼 막걸리도 그 고유한 특징을 담을 수 있는, 막걸리만을 위한 전용 잔이 필요하다.

막걸리를 디자인하려면 먼저 문화를 고려해야 한다. 일단 옛 자료에서 막걸리를 떠올릴 수 있는 이미지를 찾고 그런 다음 이유 있는 병 모양, 라벨, 잔은 물론이고 곁들일 수 있는 안주까지 함께 만들어내는 것이 필요하다.

한겨레 신문을 보니 "막걸리 맛의 화룡점정, 최적의 잔을 찾아라."라는 주제로 막걸리 애호가들 사이에선 뜨겁게 달아오르고 있는 화제라고 한다. 실제로 농림수산식품부가 '막걸리잔'을 공모했더니 총 539종의 아이디어가 제출돼 67 대 1의 경쟁률을 보인 것이다. 일반적으로 40~60대는 사발이나 옹기를 선호하고 젊은이들은 와인 잔에 먹는 걸 좋아하는데 막걸리 칵테일이 인기를 끌면서 색을 보는 재미에 와인잔이 인기라고 한다.

어쨌든 모든 종류의 술잔에는 다 그렇게 생긴 이유가 있는 것 같다. 관련 부서에서는 "소주나 맥주, 위스키 하면 떠오르는 정형화된 잔이 있는데, 막걸리는 다들 제각각이라 한 잔의 평균 용량이 얼마인지도 모른다"며 "적정 음주량을 측정하고 알리는 데 필요하다"고 한다.

막걸릿잔을 둘러싼 새로운 시도는 대략 두 갈래로 나누어져 있다. 막걸리는 후루룩 단숨에 들이켜며 막사발로 마셔야 제 맛이라는 쪽과 새로운 막걸리 음주문화를 창조해야 한다며 다양한 잔을 시도하는 쪽이다. 전통에서 약간의 변화를 주는 것이 좋다고 생각한다.

　다음이 2010년 4월 14일 한겨레에서 발행한 「막걸리잔, 최적의 조건을 찾아라」라는 제목의 기사다.

　　한국전통주연구소 쪽은 "막걸리의 특성은 도수가 낮고 청량감이 강하다는 것"이라며 "따라서 시원함을 보존하는 재질에 한번에 들이켜기에 알맞은 크기로 제작하는 게 관건"이라고 말했다. 구체적으론 "지금 일반적으로 사용되는 사발 정도의 크기면 한번에 들이켜기에 부담도 없고 적당하며, 재질의 경우 양푼은 너무 쉽게 차가워지거나 뜨거워져 시원함이 유지되기 어렵고 플라스틱 또한 시원함을 유지하기가 어렵기 때문에 도자기가 가장 낫다"고 지적했다.

　　국순당 쪽은 "막걸리는 소주나 와인과 달리 벌컥벌컥 마셔야 맛있기 때문에 일반 술보단 상대적으로 용기가 커야 하고 단맛·신맛 등 오미를 한번에 느낄 수 있게 잔의 표면이 넓어야 한다"고 설명했다. 실제로 백

세주마을과 우리술상 등의 전통주 매장을 운영하고 있는 국순당은 사기 재질의 '막사발'을 쓰고 있다. 크기는 밥공기와 국그릇 중간 정도 된다. 단 걸쭉하고 도수가 12.5도로 상대적으로 독한 고급 막걸리인 이화주는 용량이 작은 자기에 서빙하고 있다.

반면 젊은이들이 사이에서 '핫 플레이스'로 뜨고 있는 막걸리 집에서 쓰는 잔들은 이런 전통파들을 깜짝 놀라게 만들고 있다. 서울 홍대 앞 막걸리집 '친친'에선 소주잔보다도 더 작은 백자(흰색 자기)에 술을 내놓고 있다. 기존의 막걸리 음주문화가 힘든 일이 있을 때 벌컥벌컥 마시고 빨리 취하는 경향이 강해 천천히 음미하면서 맛있게 마시라는 의도란다. 술잔을 받은 대부분의 손님들은 당황하는 기색이 역력하단다. 친친 쪽은 "술집의 취지를 잘 설명하면 흔쾌히 받아들이기도 하는데 간혹 더 큰 잔을 요구하는 손님들도 있다"고 말했다. 이럴 때를 대비해 큰 유리잔과 밥공기 크기의 사기그릇도 준비해 놓고 있다고 덧붙였다.

서울 압구정동에서 잘나가는 카페 '무이무이'에선 자체 제작한 파란빛이 감도는 유리잔을 내놓고 있다. 이 술집의 콘셉트가 '모던 갤러리'이기 때문에 이런 분위기에 맞게 유리공예가가 잔과 병을 세련되게 디자인한 것이다. 용량은 밥공기보다 약간 작은 크기로 잔 윗부분의 일부가 돌출돼 그쪽으로 입을 대어 먹을 수도 있고 손잡이로 써도 되게 만들었다.

　　어쨌든 젠한국이라는 도자기업체에서 가장 먼저 막걸리 전용잔을 내놓았는데 특징은 용기 아래에 손잡이가 달렸다는 점이다. 기존 막걸리 잔들이 손잡이가 없어서 건배할 때 불편한 점과 손이 잔에 닿아 술의 제온도가 유지되지 않는 단점을 보완하기 위해서라고 하는데 이제는 전용 막걸리 잔까지 나오는 걸 보면 참 흐뭇한 마음이 든다.

시급한 정부정책

 우리 민족은 흥과 정의 문화를 가진 '음주가무飲酒歌舞를 즐기는 민족'이다. K팝 등 한국 엔터테인먼트 산업은 한류의 흐름을 타고 전 세계에 영향을 주고 있는데 반면 술의 경우엔 상품도 문화도 오히려 쇠퇴하고 있는 것은 아닌지 고민해 보아야 한다.

 중앙일보에서 2016년 2월 18일에 발행한 기사에 의하면 좋은 술을 만드는 경쟁력의 절반은 정부의 정책에서 나오는데 우리만 유독 제자리걸음이라고 한다. 술 산업을 둘러싼 각국 정부의 정책 싸움은 치열하고 프랑스와 이탈리

아는 1980년대 와인 과잉생산에 따른 가격 하락 조짐이 보이자 10여 년간 포도밭을 갈아엎는 와이너리에 보조금을 주는 정책으로 생산량을 유지하며 세계 고급 와인의 주 수출국의 명성을 잇고 있다고 한다.

그런가하면 이들 두 와인 강국이 물량을 조절하며 가격을 고수하는 사이 스페인은 저가 와인 생산을 늘리고 수출에 드라이브를 거는 정책으로 맞서 현재 세계 1위 와인 수출국의 자리에 올라섰다는 것이다.

스코틀랜드 전통주인 위스키 부문에서 일본 위스키는 세계 5대 위스키로 꼽는다. 일본 위스키가 세계적 경쟁력을 갖게 된 데는 정부가 1980년대부터 위스키 국산화 정책을 펼치며 전폭적인 지원을 한 점도 큰 역할을 했다고 한다. 일본은 위스키뿐 아니라 전통술 사케의 발전도 놀라운 것이다.

일본의 사케산업은 '1년 묵은 잉여쌀을 10년 묵혀 금값을 받는다'고 할 정도로 잉여 농산물 부가가치를 높이고 일본 전통술의 명성을 세계 각국으로 떨치는 데 큰 역할을 하고 있다고 한다. 이는 2차 세계대전 패배 후 제조·유통 면허 조건을 완화하는 등 개방적 육성 정책을 편 결과라고 한다.

반면 우리나라의 술 정책의 역사는 규제로 점철돼 온 현실을 꼬집었다. 1960년대 이후 양곡사용 금지조치로 우리나라 대표 명주인 약주 제조가 중단됐고, 읍 소재지마다 있었던 재래식 소주를 통폐합해 고유 소주가 사라졌다고 한다. 40년 가까이 신규제조면허를 내주지 않으면서 한국의 술 산업은 일부 과점 기업들이 싸구려 수입주정으로 만든 획일화된 술에 점령당한 것이다.

한국 술이 싸구려가 된 고질적 문제로 지적되는 것은 종가제 중심의 주세법이다. 종가세는 출고가격에 일정 비율의 세금을 매기는 방식으로 전통주를 제외하고 대부분 주종은 출고가의 72%의 주세를 부과한다. 경제협력개발기구OECD 회원국 중에선 5개 국만이 채택한 방식이다. 다른 나라들은 대부분 알콜 도수에 따라 세금을 매기는 종량제를 적용한다. 우리가 종가세를 유지하는 이유는 서민의 대표술인 소주의 알콜 도수가 높아 종량제를 적용할 경우 소주값이 더 오른다는 이유가 가장 크다.

문제는 제조원가가 비싸면 세금도 따라 올라가는 구조이다 보니 주류업체들은 원가 줄이기에 사활을 건다는 점이다. 주세법이 기업들로 하여금 품질이 아닌 가격 경쟁에 몰입하도록 하는 것이다. 주류기업이 종가세의 덫에 걸려 원가 낮추기에만 골몰하다 보니 고급주가 설 자리가 없게 되었다.

그리고 한국의 음주문화는 무절제한 것으로도 정평이 나있다. 술과 관련된 화제는 얼마나 많이 마셨는지, 필름이 끊겼는지, 얼마짜리 술을 마셨는지 등 결과에 집중되는 경향이 강하다. 주당이라는 말은 말 그대로 폭음하는 사람을 말한다.

술의 족보와 흐름을 알고 맛을 알며 술 마시는 과정을 음미하는 주당의 개념이 없다. 또 30년산 위스키도 맥주에 섞어먹는 폭탄주 문화는 애당초 술의 맛을 음미하지 못하는 국내 술 문화를 그대로 드러낸다. 술의 상품성은 맛이 아니라 스토리와 문화에서 나온다.

　이제는 바야흐로 주류산업 분야에서도 6차산업화의 씨앗이 움트고 있는 것이다. 술은 음식문화의 꽃이고 농업은 그 뿌리라는 말처럼 전통주, 특히 막걸리에 고급문화와 스토리를 접목해서 우리 농업의 미래성장산업화를 위한 새로운 동력으로 만들어보자.

막걸리 익어가는 소리

막걸리는 '마구 걸렀다'라는 의미로 술을 거르고 남은 지게미에다 물을 타서 만든 술이다. '금방 걸러서 아주 신선한 술', '손님 왔을 때 내었던 신선한 술'이라는 의미도 있다. 그렇다면 막걸리는 어떻게 만들까?

일단 술을 만들기 위해서는 곡물, 누룩, 물이 주재료로 필요하다. 첫 과정은 원료 처리 과정인데 쌀을 쪄서 고두밥을 만든다. 이 과정을 증자라고 하는데 수분을 흡수하여 100도씨 이상의 강한 수증기로 전분을 호화시켜 각종 효소의 작용을 용이하게 하는 데 있다. 이 고두밥을 펴서 차갑게 식혀 준다. 곡물은 술을 만드는 첫 번째 단계에 쓰이는 재료이기 때문에 쌀의 품질이 술의 품질을 결정하는 중요한 요인이라 할 수 말할 수 있다.

두 번째 과정은 밑술 제조과정으로 고두밥과 효모를 골고루 섞어 준다. 발효를 위해 효모를 넣어서 배양시키는 것을 말하는데 이 과정은 발효에 필요한 효모를 확대 배양하는 공정이다. 고두밥과 효모를 골고루 섞어 준다. 전분인 주성분인 고두밥에 발효제인 누룩 곰팡이균이 발효제 역할을 하여 술이 발효하는 과정에서 전분 분해효소를 생성하여 전분을 당화시킨다.

세 번째 단계는 담금 단계인데 발효에 필요한 효소 및 효모를 확대 배양하는 과정으로 1차 담금, 2차 담금, 숙성의 단계로 나뉜다. 1차 담금은 물과 밑술 입국을 혼합하여 5~6일간 숙성 시키고 2차 담금은 물과 효소제를 혼합하여 일정한 온도로 숙성 본담금을 끝낸다.

곡물과 물 누룩을 섞어서 따뜻한 온도에 두면 누룩속의 곰팡이 효소를 생성하여 전분을 당화시키고 당화과정에서 생긴 당을 누룩 속에 효모가 이용하게 되는데 효모는 또

당의 일부를 먹이로 이용하고 증식하면서 당을 분해하면서 알코올을 만들게 된다.

그리고 효모에 의해 술이 빚어질 때 이산화탄소와 열이 동시에 발생하게 되면서 발효과정을 가진다. 술이 빚어지는 과정에서 증식되는 효모는 알코올과 이산화탄소를 배출하는데 이때 열이 발생된다.

술의 발효 상태에 따라서 냉각상태로 넘어 간다. 냉각시킨 후에 서늘한 곳에서 12~15일간 다시 발효를 시켜주게 된다. 이때 쌀과 누룩 찌꺼기들은 천천히 가라앉게 된다. 시간이 흐르고 달콤한 냄새가 난다면 술이 다 익었다는 것을 뜻한다.

이후 술을 거르는 방법에 따라 달라진다. 탁주는 체에 거르지 않고 그대로 빚는 것과 체에 밭쳐놓고 주물러 걸러내는 것, 술지게미를 재탕하여 만드는 것 등의 세 종류로 나눌 수 있다. 합주나 막걸리는 체에 걸러내는 것이고, 모주는 술지게미를 재탕하여 만드는 것이다.

막 거른 술이라 하여 막걸리, 빛깔이 희다고 하여 백

주, 맑지 못하고 탁하다고 하여 탁주나 탁배기, 집마다 담그는 술이라 하여 가주, 특히 농가에서는 필수적인 술이라 하여 농주 등으로 불린다.

조선시대에는 체에 거르지 않고 빚는 탁주를 즐겨 마셨다. 이화주, 사절주 등이 있었으나 현재는 전혀 찾아보기가 힘들다. 좋은 술을 뜻하는 미온美醞, 지주旨酒 등의 말이 《삼국사기》, 《삼국유사》에 등장하고, 막걸리나 단술을 가리키는 요례醪醴라는 말이 나오는 것으로 짐작해 보면 삼국시대에 이미 탁주 따위의 술을 만들었음을 알 수 있다.

고려시대 문헌에 탁주라는 말이 자주 나오고 《고려도경高麗圖經》에서도 서민들은 맛이 나쁘고 빛깔이 짙은 술을 마신다는 기록이 있는 것으로 보면 고려시대부터 서민주로서의 전통이 확립되었다 할 수 있다.

술을 만들 때 가장 중요한 역할을 하는 것은 무엇일까? 바로 누룩과 효모다. 쌀, 보리, 밀과 같은 전분질을 원료로 하는 술에 발효제로 쓰이는 것이 '누룩'이다. 누룩에는 효소라는 것이 들어 있어 커다란 전분질 원료를 효모가 이용할 수 있도록 잘게 잘라주는 역할을 한다. '효모'는 누룩이 잘라 놓은 당들을 먹고 이용해서 술로 발효하는 것이다.

누룩의 양이 많은 탁주는 일반적으로 약주에 비하여 발효가 왕성하여 성숙한 술밑의 알코올농도는 15~21%에 이르며 산의 취미臭味가 있다. 판매용 탁주는 알코올농도가 6~8% 되도록 물로 희석하여 조절한다. 탁주는 단맛, 신맛, 떠은맛이 잘 어울리고, 적당한 감칠맛과 청량미가 있으며, 다른 술에 비하여 열량과 단백질의 양이 많은 것이 특징이다.

누룩은 술을 발효시키는 발효제로 술의 맛과 향기를 결정짓는 아주 중요한 요소이다. 어떻게 쓰느냐에 따라서 맛이 천차만별 달라지기 때문에 누룩을 '술의 혼'이라고 말하기도 한다. 누룩의 종류로는 입국과 전통 누룩이 있는데 먼저 입국은 종균을 배양해서 만든 누룩이고 곡류를 베이스로 미생물이 자연스럽게 번식하게 만드는 것은 전통누룩이다.

즉 입국은 종균 미생물 중에서 하나의 좋은 균주를 선

별해서 배양을 하는 것이고 맛이 좀 단순하지만 술을 안정적으로 발효할 수 있다. 우리의 전통누룩은 적절한 습도에서 자연에 존재하는 미생물들의 번식으로 곰팡이 균이 만들어낸 효소를 만들어 내는데 환경에 따라 조금씩 다르다. 그래서 누룩은 지방의 독특한 기후나 지리적인 환경에 따라 제조방법과 모양이 달라진다.

우리민족은 오래전부터 누룩을 이용한 술 빚기를 해왔다. 한반도의 기후는 고온 다습하고 곡류를 주식으로 삼게 되면서 곡류에서 자연발생적으로 생육한 누룩을 이용한 술빚기가 이루어졌었다. 곡식과 천연발효제인 누룩과 물을 넣고 발효하고 숙성시킨 술을 총칭하는 말을 가양주라고 하는데 삼국시대 고려시대 조선시대까지 수 천년동안 이어져왔다.

조선시대에는 유교사상에 기인하여 세시풍속과 조상을 모시는 제사풍습이 중요시 여겨졌는데 여기서 가양주 문화는 빠질 수 없는 우리생활에서 늘 함께 하는 문화였다. 전통적인 누룩은 지역마다 다른 기후와 영양으로 종류에 따라 다양성을 가지고 있는데 만드는 시기에 따라서 또한 다른 이름을 붙이기도 하였다.

집에서 만들어 마시는 가양주는 우리 전통적인 술의 특징과 장점으로 꼽힌다. 빚을 때 술을 빚는 이의 솜씨와 목적에 따라서 그 방법이 달라졌다. 각각의 지역의 다른 환경마다 다양한 재료와 다양한 종류의 누룩과 물과 만드는 이의 솜씨에 따라 무한하다. 막걸리에 포함된 미생물이 집집마다 달랐고 집집마다 술맛이 달랐다. 보통 대부분의 농가에서 집에서 먹을 술을 직접 빚었고 주로 여름이나 가을에 누룩을 만들었다.

우리 술의 다양성과 무한한 창의성 영원한 생명성을 의미한다. 옛날에는 거의가 십리 안팎에서 농사를 짓고 살았고 거기서 쌀을 얻고 밀을 얻어서 바로 자기집에서 가공해서 술을 빚고 누룩을 빚었다. 그래서 지역성을 반영한 그리고 그 지역에서 나오는 샘물을 사용했다. 미생물 즉 누룩은 그 지역의 풍토를 반영한 미생물을 배양했었다. 그래서 막걸리는 그 지역을 특성을 반영하였다.

전라도의 막걸리는 울금이 들어가거나 솔잎이나 다양한 식재료가 들어가 있는 특산품을 이용해서 활용한 막걸리들이 많고 경상도의 막걸리는 그냥 쌀만 가지고 만드는 그런 막걸리들이 많다. 충청도의 막걸리는 지역의 꽃을 이용하는 경우가 있다. 1670년경 정부인 안동장씨가 쓴 최초의 한글 음식 조리서 《음식디미방》에서는 술을 만드는 방법, 누룩을 만드는 방법 등이 다 나온다.

하지만 일제강점기를 맞으면서 전통누룩과 효모는 점차 사라졌다. 일본이 세금을 걷기 위해 주류를 세금원으로 규정하고 가양주를 법으로 금지했기 때문이다. 1909년 조선총독부가 주세령을 반포하면서 우리의 소중한 가양주 문화의 맥이 끊어졌다.

1963년부터는 만성적인 식량부족상태로 인하여 쌀을 원료로 하던 탁주가 금지됨으로써 밀가루, 옥수수, 보리 등을 섞어 빚게 되었다. 그 뒤에 쌀 생산량이 늘어나고 소비량이 줄어들었기 때문에 1977년 12월에 쌀막걸리가 다시 만들어졌다. 그러나 술 제법의 규제 때문에 옛것보다 맛이 떨어지고 값도 비싸서 1년 만에 사라지고 지금은 다시 밀가루로 빚고 있다.

더구나 지금 우리나라의 양조장은 우리나라의 효모가 아니라 외국의 효모를 사용하고 있다. 획일화된 누룩 효모를 쓰고 있어서 다양화 면이나 품질 향상 면에서 오히려 과거에 비해서 퇴보를 가지고 왔다. 그래서 지역이 다르더라도 같은 효모를 사용하고 있는 것이 현실이다. 극히 국내 시중 판매 막걸리의 10% 가량이 따로 효모를 사용하지 않고 전통 누룩을 사용하고 있다.

조상의 지혜로 빚어낸 발효과학의 술 막걸리. 유산균과 식이섬유가 듬뿍 들어간 선조들이 물려준 우리의 발효과학의 술 막걸리. 나누는 훈훈한 정이 있는 따뜻함이 있는 선조들의 숨결이다. 우리는 이런 전통을 이어 나가야 한다. 우리 선조들이 물려준 소중한 유산을 이어가는 것은 우리의 숙제가 아닐까 한다.

참고문헌

고길섶, 《스물한 통의 역사 진정서》, 앨피, 2005.

김성만, 《막걸리 만들고 마시고 즐기고》, 크라운출판사, 2013.

_____ , 《막걸리 소믈리에 상온》, 좋은땅, 2015.

류인수, 《막걸리 수첩》, 우듬지, 2010.

박록담, 《전통주》, 대원사, 2004.

박형진, 《모항 막걸리집의 안주는 사람 씹는 맛이제》, 디새집, 2003.

배송자, 《전통 웰빙주, 막걸리》, 하남출판사, 2010.

배혜정, 《막걸리 CEO 배혜정》, 창해, 2011.

사석원, 《막걸리 연가》, 조선북스, 2010.

오영호, 《귤나무와 막걸리》, 정은문화사, 2016.

유대식, 《막걸리학》, 월드사시언스, 2015.

이석준, 《전통주(가양주) 집에서 쉽게 만들기》, 미래문화사, 2016.

이소리, 《막걸리》, 북포스, 2010.

이원종, 《거친음식 박사 이원종의 막걸리 기행》, 랜덤하우스코리아, 2011.

정은숙, 《막걸리 기행》, 한국방송출판, 2010.

_____ , 《막걸리 이야기》, 살림, 2012.

정혜경·김미혜, 《한국인에게 막거리를 무엇인가》, 교문사, 2012.

정회철, 《하우스 막걸리》, 동문통책방, 2016.

하병주, 《막걸리 한잔 하고 가시오》, 신아출판사, 2016.

허시명, 《막걸리, 넌 누구냐?》, 예담, 2010.

황영철, 《막걸리 이야기》, 심인, 2010.

김현풍

충청남도 당진에서 태어나 당진중학교를 졸업했다. 서울 경동고등학교를 나와 서울대학교 치과대학, 동 대학원 박사과정을 졸업하고 의학박사 학위를 받았다.

서울시 치과의사회 부회장, 서울대학교 치과대학 외래교수, 서울시 치과의사회 회장, 서울시 의약인 단체장 협의회 회장, 서울시 지방검찰청 의료자문위원, 국제라이온스 309K지구 부총재, 대한치과의사협회 부회장, 서울시 가락종친회 부회장, 새마을운동중앙협의회 도봉지회장, 도봉구 자연보호협의회 회장, 사단법인 4월회 이사, 도봉문화원장, 강북문화원장, 한우리 문화연구원 원장, 전국 문화원연합회 서울시 회장, 자연보호 중앙회 서울시협의회 회장, 국립공원 시민연대 상임고문, 삼각산을 사랑하는 시민연대 공동대표, 민선3기 강북구청장, 민선4기 강북구청장, 서울대학교 치의학대학원 겸임부교수, 서울사이버대학교 교양학부 겸임교수, 한신대학교 초빙교수, 가천의과대학교 치위생학과 겸임교수, 국립공원관리공단 비상임이사, 서울대치의학대학원 겸임교수를 역임했다.

2004년에 문화일보·보훈처 공동주관 보훈대상, 바른사회·밝은정치시민연합 제5회 '새천년 밝은 정치인상' 설문조사 분야, YMCA '풀뿌리 녹색가게 디딤돌' 상을 그리고 2009년에 (사)전국지방자치단체장 매니페스토 우수사례 경진대회 우수상을 수상했다. 주요 저서로는 《우리동네 행복만들기》, 《우리동네 행복만들기 그 두 번째 이야기》, 《우리동네 행복만들기 그 세 번째 이야기》가 있다.

현재 사단법인 삼각산자연환경보존연합회 이사장, 국립공원관리공단 자문위원, 나라사랑 막걸리사랑(나막사) 모임 총재, 이승만을 생각하는 사람들 모임 공동대표, 삼각산과 백악산의 얼을 살리는모임(삼백얼) 공동대표를 맡고 있으며 강북구 미아동에서 김현풍치과의원을 운영하고 있다.

손윤

1958년 11월 26일 충청북도 영동에서 태어나(본관 밀양), 대전고등학교를 졸업하고 한국방송대학교 행정학 학사, 성균관대학교 경영학 석사, 동국대학교 경제학박사 학위 취득예정이다. 국세청에서 35년 1개월간 근무했으며, 부이사관(3급)으로 명예 퇴임했다. 직무를 성실히 수행한 공로를 인정받아 홍조근정훈장을 수상했다. 주요 경력으로는 국세청·서울청 감사반장, 국세청 대변인실(공보관보), 서울지방국세청 조사1국 국제조사팀장(서기관), 서울청 납세자보호관, 국세청 국세심사위원, 역삼지역세무사회 회장 및 서울지역세무사회 연합회장을 역임했다.

현재 세무법인오늘 대표이사, 오늘TAC 최고경영자로 재직하고 있으며, 한국세무법인협회 회장, 의암경영연구소(UIRI) 소장, (사)의암손병희선생기념사업회 이사장, (사)동학민족통일회 총괄의장, 미래로 가는 바른 역사협의회 공동대표, 동학학회 후원회 회장을 맡고 있다. 주요 논문으로는 「상속·증여세의 포괄과세 문제와 조세귀착성에 대한 연구」가 있고 저서로는 《국부손병희를 살려내라》, 《준비시대》 등이 있다.

배홍섭

충청남도 당진에서 태어났다. 단국대학교에서 독어독문학과 학사 졸업 후 한
서대학교 환경공학과에서 석사, 중부대학교 한약자원학과에서 박사학위를 받
았다. 약용식물자원 관리사, 약용식물자원 관리사 강사, 약용식물자원 관리사
교육원장, 건강식이요법사, 건강식이요법사 강사, 발효효소관리사 등의 자격
증을 보유하고 있다.
MBN 방송 〈천기누설〉 52·53·54·73회, 채널A 방송 〈서민갑부〉, JTBC 방
송 〈대한민국교육위원회〉 발효효소 특집, SBS 방송 〈생방송 투데이〉에 출연
한 경험이 있다. 최근 저서로는 《민간요법》이 있다.
현재 산림 교육원(산림청) 강사, 한국자격개발원 교육원장, 단국대학교 평생교
육원 강사, 고려대학교 평생교육원 강사, (사)한국발효효소협회 회장, (사)한국
사찰음식문화협회 이사를 맡으며 약용식물 재배 및 활용과 건강식이요법, 발
효효소관리를 널리 알리기 위해 힘쓰고 있다.

오동원

충청남도 홍성에서 태어났다. 연세대학교 외식산업 고위자 과정 제12대 총동문회장, 한국외식산업회 CEO 심화과정 제3대 총회장, 한국신지식인 협회 상임 부회장겸 대전·충남지회장, 한국외식산업협회 대전 충남 초대 회장을 역임했다.

현재 (사)한국외식조리학회 정책자문위원, (사)한국외식경영학회 경영자문위원, 맛따라 단골따라 맛 동산(東山) 회장, 한국 외식산업 최고 경영인 다담회(多啖會) 회장, 충남 농어민 신문사 회장, 나라사랑 막걸리사랑(나막사) 부총재를 맡고 있다.

나라사랑 막걸리사랑

1판 1쇄 펴낸날 2017년 9월 23일

기획 나막사
글 김현풍·손윤·배홍섭·오동원

펴낸이 서채윤 펴낸곳 채륜
책만듦이 김승민 책꾸밈이 이현진

등록 2007년 6월 25일(제2009-11호)
주소 서울시 광진구 자양로 214, 2층(구의동)
대표전화 02-465-4650 팩스 02-6080-0707
E-mail book@chaeryun.com Homepage www.chaeryun.com

ⓒ 김현풍·손윤·배홍섭·오동원. 2017
ⓒ 채륜. 2017. published in Korea

책값은 뒤표지에 있습니다.
ISBN 979-11-86096-52-9 03380

이 도서의 국립중앙도서관 출판예정도서목록(CIP)은 서지정보유통지원시스템 홈페이지(http://seoji.nl.go.kr)와 국가자료공동목록시스템(http://www.nl.go.kr/kolisnet)에서 이용하실 수 있습니다. (CIP제어번호 : CIP2017023778)

채륜서(인문), 앤길(사회), 띠움(예술)은 채륜(학술)에 뿌리를 두고 자란 가지입니다.
물과 햇빛이 되어주시면 편하게 쉴 수 있는 그늘을 만들어 드리겠습니다.